「考える力」を身につける本

出口 汪著 Hiroshi Deguchi

Forest 2545 Shinsyo

はじめに

『カリスマ受験講師の「考える力」をつける本』（三笠書房）を刊行したのが、2000年の12月、幸いにもこの本は多くの読者に受け入れられ、ベストセラーとなった。

あのころは、まだ、予備校の講師が仕事の中心だった。

だから、主に受験生を対象に「考える力をつける」ための勉強法を提案したのだったが、その後、私の関心はビジネスパーソンの勉強法へと移っていった。

私の仕事自体が、予備校の仕事から教育全般へと広がっていくにしたがって、ビジネスパーソンにこそ「考える力」をつけるための勉強法が必要ではないかと思ったからだ。

そこで、今回、三笠書房版をビジネスパーソン向けに全面的に書き直そうと思った。

本書は、まさに、ビジネスパーソンが生涯にわたって必要なスキルを身につけるための、本物の学習法となっている。

人が人である所以《ゆえん》は、絶えず学び続けることにあると、私は信じている。人は生きている限り、経験からあらゆるものを学び取っていく。それは、考え続けることでもある。

パスカルは、「人は考える葦《あし》である」といった。

私はこの言葉を実に単純に理解している。人は葦のようにちっぽけな存在だが、考え続けることによって、初めて人たりうると。

私たちは自分の置かれている環境を少しでも正確に理解し、より豊かに生きたいと願っている。ところが、現代は膨大な情報の波に流され、自分がいまどこにいて、どんなところへ行こうとしているのか、つかみづらくなっている。

それればかりではない。現在、私たちは歴史的岐路に立っている。いままでの価値観がすべて崩壊し、既成のやり方がことごとく通用しなくなっている。

いまこそ、私たちは学ばなければならない。より深く、正確に知り、それによって、考えねばならない。

私たちに必要なのは、高度な専門知識ではない。世界全体を見渡し、歴史という直線的な時間の流れの中で自分の置かれている位置を知るという俯瞰《ふかん》的視点である。

そのために、もう一度、自分の勉強法を見直してみるのも、無駄ではないはずである。

勉強は、決して苦痛なものではない。人生を豊かに生きるための最強の武器であり、それどころか、その人の生き方にもつながるものである。

一生のどこかで**勉強の面白さに気づいた人と、そうでない人**――結局、人はその2つに大別されるのではないか。

そして、勉強が楽しくなるためには、正しい勉強方法を知らなければならない。

有効な頭の使い方を覚えなければならない。

それだけで豊穣な人生を手に入れることができるのだ。

高校生、受験生、大学生、社会人、そして、主婦、そのそれぞれの人がどのような勉強の仕方をしてきたか。本書がそれを見直すきっかけになると同時に、より有効な勉強をするための契機になればいいと思う。

本書の至るところに、ヒントがちりばめられている。それらは知の起爆剤であるとともに、勉強法のヒントであり、そのまま人生のヒントにもなるであろう。

第1章は、これからの時代はどのように大きく変わるのか、新しい時代にふさわしい勉強法とは何か、「考える力」とは何かを、わかりやすく説明した。本書全体の指針となる大切な章である。

第2章は、すべての学力の基礎となる「論理力養成」の方法である。論理力とは先天的なものではなく、後天的なもので学習・訓練によって習得すべきものである。ところが、その方法を知らないために、論理を無視した学習法になりがちである。この章を熟読するだけでも、勉強法が一変するだろう。

第3章は、「記憶術」。実は、論理力と記憶力は表裏一体である。この両者が車の両輪のようにうまく働くことによって、最高の効果を生み出すことができるのである。

この章では、確実に記憶できるさまざまな具体的な方法を紹介する。

第4章は、すべての学習の基礎学力ともいうべき、「論理的な読解法」の提案である。文章を論理的に読み、論理的に理解できるからこそ、記憶も可能になり、論理的に考えることができることになる。文章を論理的に読解できない人は、真の勉強法を確立できないばかりか、「考える力」を養成することも不可能である。

第5章は、「想像力」と、「想像力を養成する勉強法」である。ビジネスにおいて、さらには人生において成功するには、論理力だけではなく、想像力や創造力が必要である。そうした力を養成するための勉強法を具体的に提案する。この章に書かれた勉強法を実践すれば、退屈で凡庸に思えた世界が、瑞々《みずみず》しいものへと再生されるだろう。

第6章は、本物の力を養成するための「具体的な勉強法」を提案している。「考える力」をつけるためには日常生活において何をしたらいいのか、読書の仕方から新聞の読み方まで、この章を読むことで、知的生活のあり方が変わるはずである。

第7章は、実際に私が行う講義を模した「現代文の紙上講義」を受けてもらおうと思う。もちろん、大学入試の難問を扱ってはいるのだが、ビジネスパーソンが「考える力」を身につけるために、非常に実践的な講義なのである。

この講義によって、論理的に文章を読み、論理的に考え、論理的に表現することがどのようなものなのか、具体的に理解することができるはずだ。

それと同時に、ものを考えるとはどういうことか、本物の学力とは何かが、ありありと見えてくることだろう。

本書によって本物の学力が身につき、それが生涯にわたって人生を切り開くあなたの武器となるように、切に祈っている。

出口 汪

目次

第2章 「論理力」を身につける……41

第3章 一生忘れない「記憶術」

挫折しらずの「記憶術」……80

第4章

「読解力」を深める……101

第5章 「想像力」と「創造力」で賢い頭をつくる……135

第6章 実践で「考える力」を身につける

あなたの頭脳を活性化する「12の習慣」……170

第1章

「本物の勉強」は楽しい

人が最初に死に物狂いで勉強するのは、おそらく受験期ではないか。

たいていは、そのときに自分なりの勉強の仕方を習得することになる。

いったん身についた勉強法は、人生の途中でなかなか修正することが難しい。

人は受験期の勉強法を、一生続けるのかもしれない。

それならば、合格することよりも、どのような方法で勉強をしたかのほうが、むしろ重要だったのではないか？

勉強は「楽しいから」するもの

勉強は本来遊びだった。


その遊びが高度に発達したのはギリシア時代、日本では平安時代の後宮においてである。ギリシア人は基本的には働かなかった。働くのは奴隷の仕事である。だから、彼らは一生遊んでいればよかったのである。

といっても、いまのようにテレビも漫画もゲームもない。彼らの遊びは学問であり、芸術であり、哲学であり、文学であり、音楽だったのだ。

生涯にわたって遊び続けるには、より高度なものを要求するようになる。そうして、ギリシアで哲学や文学を中心に、いまでいう学問が発達した。平安時代に「遊び」が管弦楽のことを意味したのも同じ理由による。

遊びと対極にあるのは仕事である。遊びは本来自由な行為であり、面白いから遊ぶのであり、それに飽きたなら遊びを中止するか、別の遊びを考え出すだろう。

それに対して、仕事は自由を制限される。いやなことも時にはしなければならないし、いかに物を生産したのか、利益が上がったのか、その結果が問われるのである。

近代合理主義はいかに生産力を高めるかであり、それは遊びを軽視するイデオロギーだった。おそらく多くの人は、子供のころ、親に「遊んでばかりいないで勉強しなさい」としかられた経験があるだろう。本来、「勉強」は「遊び」であり、この親の言葉は矛盾に満ちた言説であるといえる。

このとき、遊びであった勉強は、いつの間にか仕事へとすり替わってしまったのだ。

遊びであったならば、楽しくて仕方がないからするものであった。そして、生涯にわたってその遊びを楽しもうと、勉強の仕方を工夫したはずである（子供の遊びでも、より楽しくなるためにさまざまな工夫をする）。

ところが、仕事ならばいやなことでも我慢しなければならず、いかに偏差値が上がったのか、大学に合格したのか、その結果だけが問われるのである。

そうやって、私たちはいやな勉強を押しつけられ、ひたすら得点獲得の競争に参加させられてきた。そこでは、勝者だけが意味を持つのである。

ところが、そうやって詰め込まれてきた勉強が、果たして社会において役に立つのであろうか？

必死になって記憶した知識は単なる知識として生かされることなく、次第に忘却の彼方《かなた》へと消えていく。

教師たちは子供たちに「がんばれ」という。

成績が芳しくないと、子供たちの努力不足のせいにする。

なぜ勉強がこれほど楽しいものだと教えなかったのか？

子供たちはそれが**楽しければ、生涯にわたって勉強をし続ける**のである。そうした子供たちを育成することこそが、教師の力量なのではなかったか？

勉強は苦しいものだ、だから、我慢しなければならないと信じ、合格を勝ち得た人は、たとえ東大に合格しようとも、努力する必要がない限り、これ以上苦しい勉強をしようとはしないだろう。彼らは人生においてやがて敗者となるに違いない。

それに対して、たとえ志望校に合格できなくても、勉強の楽しさを知り、生涯にわたって勉強をし続けたなら、そのほうが人生においてははるかに成功するのである。

それなのに、多くの人たちは受験時代に間違った勉強法を強《し》いられ、社会人になったいまでもその方法にしがみついている。受験時代に成功した人ほど、その勉強法から離れることが難しくなっている。

あなたはその方法で生涯勉強していくのだろうか？

私にはいま一度、自分がどんな勉強の仕方をしているのか、改めて見直してみることが大きな意味を持つと思えるのである。

いままさに、「パラダイム転換」のとき

「パラダイム」というのは、その時代を支える根本的な考え方である。

そして、**時代の節目節目には、パラダイムの転換が行われる。**

天動説から地動説へ、万有引力から相対性理論へと、そのたびに過去の常識は、すべて新しい常識へと塗り替えられる。

日本でも幕末から明治維新、軍国主義から戦後の民主主義へと、パラダイムの転換が何度も行われた。

そして、いま。

日本において、まさにもっとも大きなパラダイムの転換が行われようとしている。

その要因は、大きく2つある。

「模倣教育」からの脱却

戦後、日本は欧米の技術をひたすら模倣し、安価で高性能な製品を世界中で売りさばいてきた。そのため、日本の教育はいかに模倣・模写するかに重点を置き、そのための訓練として算数・数学と暗記科目に重点が置かれてきたのだ。

そして、知的エリートとなるためには、何よりも翻訳力が重視された。だから、いまでも文系・理系を問わず、英語力が入試の決め手となるのである。

当時の知的エリートが、欧米の新しい思想・技術を翻訳し、それをすべての国民が日本語で理解するシステムが、国家をあげて完成されてきたのである。

いまの、**政治家、官僚などの多くは、そうした模倣教育での勝利者**たちなのである。

彼らは、何かことが起これば、先例や欧米での成功例を持ち出し、それにしたがおうとする。ところが、いま、目の前に起こっている事態は、誰もが経験したことのないことであり、無理矢理、彼らが学習した先例に当てはめようとすれば、ことごとく失敗する。

一般企業においても同様で、自分で物を考える人間は、変わり者として排除される。欧米の優秀な技術を模倣するためには、不必要な人材だったのだ。

そして、パラダイムの転換が起こった。

いまや、中国やインド、韓国や台湾などが、かつて日本が成功した模倣のシステムを取り入れ、大量に安価で優秀な製品を生産し始めた。彼らは豊富な資源と安価な労働力を持っている。

私たちは世界の最先端で、どこの企業よりも新しい技術を開発していかなければならないのだ。そこで必要とされる能力は、模倣・模写ではなく、**新しい物を生み出す力、すなわち「創造力」**なのである。

ところが、私たちが強いられてきた教育は、旧態依然の模倣教育だったのだ。

「情報社会」への移行

もう一つは、ネットを中心とした情報社会への移行である。私たちは膨大な情報の中で、何が真実なる情報なのか、自分にとって必要な情報は何かと、一人ひとりがそれを判断する必要に迫られている。しかもその上で、正しい判断をしなければならない。

誰もが同じ情報を得て、誰もが決められたレールの上でビジネスをしていく時代は終わったのだ。それに気づいた人だけが、次の時代の勝利者になれる。

そのために、**自分の頭脳を武装しなければならない**。

目の前にパソコンが一台あれば、いや、パソコンがなくてもスマートフォンさえあれば、誰でも世界中の情報にアクセスができる。自分のアイデアを世界に向けて発信ができる。

これこそが、「パラダイムの転換」なのである。

いまや、不動産や自動車から、ファッション、食料品、書籍まで、ネットで買い物が可能なのである。近い将来、コンビニと運送業者以外の、ほとんどの商店は店舗を必要としなくなるだろう。

日本の産業構造自体が、大きく変貌《へんぼう》する。

あなたは来る時代に備えて、自分の頭脳を鍛え込んでいるだろうか？

まさに、いまや、「自分で考える力」が試されているのだ。

そのためには、本物の勉強法を身につけなければならない。

「ビジネスパーソン」の勉強法

受験勉強とビジネスパーソンの勉強法は、根本的に異なる。

受験勉強は、目の前に合格という目標があり、どんな間違った勉強法であっても、とりあえず合格を勝ち取れば、当面の目的は達成されるだろう（私にとっては、それよりもどんな勉強の仕方をしたかが大切だが）。

逆に、ビジネスパーソンの勉強は、模擬試験で学力が試されるわけでもなく、入学試験があるわけでもないので、どうしてもその必要性が実感できず、当面の忙しさに紛れて、後回しにされがちなのである。

ところが、**ビジネスパーソンの勉強のほうが、はるかに切実なものだ。**

ただし、その勉強の目的は大きく異なる。

受験勉強は、試験が終わればその目的は達成されるが、ビジネスパーソンの勉強法は、生涯にわたって行われるものなのだ。だからこそ、より有効な方法を獲得しないと、間違った勉強で無駄にした時間の、人生における総合計は、膨大なものとなるだろう。

さらには、点数を獲得するためのものではなく、人生を豊かにし、ビジネスにおいて成功をもたらすものでなければ意味がない。

では、そのためにはどんな勉強法が有効なのか？

膨大な情報を生かす「論理力」

いまは、情報化時代である。ネットを通して世界中の情報が、誰にでも簡単に手に入る。しかも、その情報の中には、かなり怪しいものも含まれている。そうした情報の洪水の中におぼれてしまい、かえって情報に振り回されて、それを現実生活の中で活用できていないのではないか。

何が信じるに足る情報で、何が怪しい情報なのか、それを見極めたり検証したりするのに必要なものが「論理力」なのである。

膨大な情報の中で、自分にとって本当に必要なものは何か、その情報から何を得、それをどう自分のビジネスに生かしていくのか、それを判断するのも、やはり論理力なのである。

誰もが同じ情報を得ることが可能な時代ならば、**論理力の有無がこれからの時代の勝敗を決定する。**

だから、ビジネスパーソンの勉強は、まずは論理力を獲得すべく、自分の頭脳を鍛え込むことである。

間違った方法では、努力の「意味がない」

どれだけ勉強しても、なかなか成果を上げることができない人がいる。自分の努力が学力に結びつかないのだ。その原因の大半は、基礎学力の不足にある。本来、基礎学力は中学・高校の学習で獲得すべきものだが、その時期の勉強不足か、あるいは勉強の仕方が間違っていた（ほとんどの人がこのケースだが）ために、何を学習しても砂上楼閣で、その豊穣な成果を手にすることができないでいる。

佐藤優氏は、ベストセラーになった『読書の技法』（東洋経済新報社）の中で、次のように指摘した。

「インターネットが普及したことによって、20年前と比較して、情報は格段にとりやすくなった。それにもかかわらず、日本の外務省が国際情勢の分析を間違えたり、情報が十分あるのに、深く分析しなくてはならないテーマに気づかない原因は、論理的思考能力の欠如によるところが大きい」

外務省のエリート官僚たちの中にも、論理的思考力の欠如により、膨大な情報を処理できない人たちがいるのだ。

基礎学力の根本は、論理的な読解力である。この読解力がなければ、何を学習しても効果がない。氏はそれについても、次のように指摘している。

「すべての勉強の基礎になるのは読解力である。

筆者が見るところ、日本語の読解が正確にできない、若手ビジネスパーソンが非常に多い。テキストから自分に都合がいい部分だけを拾う。あるいは理解できる部分と理解できない部分の仕分けをせずに、なんとなくわかったつもりになってしまう。

こういう読み方をしていると、テキストを通じ、知識を身につけることができない。

この問題を克服するためには、高校レベルの現代文を、別の角度から勉強し直すことだ。具体的には、テキストの内在的論理をつかむ読み方を体得することである。

この観点から、優れた大学受験参考書がある。出口汪『NEW出口現代文講義の実

況中継』(全3巻、語学春秋社)だ」(佐藤優『読書の技法』東洋経済新報社)

氏は、基礎学力をもう一度鍛え直すには、思い切って高校受験の参考書を活用すべきだ、と指摘されているのだが、まさに卓見である。

そのうえで、私の受験参考書を推薦してくださったのである。

意見の違う「他者との合意」には論理力

最近、領土問題に発する中国や韓国との摩擦など、感情的な言論がデモを誘発したり、両国間を緊張状態に陥れたりしている。

どちらの言い分が正しいかはさておき、私には論理力の欠如が、さまざまな紛争の根本原因ではないかと思えるのだ。両国の歴史や文化的背景を踏まえて、互いに論理的に話し合えば、必ず落としどころが見つかるはずなのである。感情的になればなるほど、解決の糸口を見つけにくくなる。それをネット社会が煽《あお》り立てる。

それでは議論は成り立たない。

グローバル社会では、民族も歴史も文化も宗教も言語も異なる他者に対して、自分の主張を正確に伝えることが不可欠である。もちろん感覚など通用しない。

そこで、**「論理」という武器が必要となる**のだ。

ビジネスにおいても同様で、お互いの相違点を理解し、その上で双方にとって利益となるような高い地点での合意を目指す、弁証法的な思考が大切である。

そうした問題の整理・解決方法こそ論理的思考であり、これはある一定の訓練によって初めて習得されるものなのだ。

ビジネスパーソンの勉強法は、そうした論理的思考を獲得するものであるはずなのに、実際はろくでもない情報や知識獲得のために費やされ、ザルで水をすくうように、それらは記憶の彼方へと消えていくのである。

知識を生きたものとする「本物の記憶力」

論理と記憶は、相反するもののように思われがちである。ところが、後に詳しく述べるように、論理的思考に裏打ちされた記憶力こそ、ビジネスパーソンにとって初めて意味のあるものとなる。

受験生ならば、記憶した事項が出題されれば、高得点を獲得できるかもしれない。ところが、ビジネスパーソンはその知識を実生活において使いこなせなければ、どれほど知識があろうとも、それは絵に描いた餅になる。当然、受験生のころの勉強法よりも、より論理性が要求されるのだ。

使いこなすためには、その知識を真に理解しなければならない。

真に理解するとは、一つひとつの知識をばらばらに獲得するのではなく、その意味連関の中でとらえたり、体系づけて理解するのである。

ばらばらの知識は、時間とともにすさまじい勢いで忘却される。ところが、意味の連関の中でとらえた知識は、絶えず使いこなすことができ、決して消え去ることができないものである。時間とともに次第に血肉化し、やがては本物の学力となる。

論理と記憶は、表裏一体のものと知るべきである。

「研ぎ澄まされた感性」を持とう

感覚と感性は、根本的に異なる。

たとえば、花を見て美しいと思うことは誰にでもできる。中には汚いものを見て、それが好きだという変わった感覚の持ち主もいるかもしれない。それが「感覚」であり、ただしそのままでは「感性」とはいえない。

清少納言は花を一つ見るにも、朝の透明な光の中で見るのか、夕暮れのうすら明かりの中でとらえるのか、雨降りの湿った空気か、晴れ上がった乾いた空気でとらえるのか、刻々と変化する時間の中でその美しさを凝視し、言葉で表現しようとした。

ただ「花がきれいだ」では、感性とはならない。言葉の微妙繊細な使い方を獲得して、初めてその人独自の感性となるのだ。「きれい」「汚い」「好きだ」「嫌いだ」「明るい」「暗い」といった言葉ですべてを表し満足しているようでは、それは感覚であっても、その人独自の感性とはいえない。

なぜなら、「美しい」は人の最大公約数的な評価の仕方であって、その対象に対するその人自身の評価ではないからだ。

そして、論理力だけでなく、**研ぎ澄まされた感性を持たないと、人生において成功することは難しい**。

論理力と感性は、相反する資質のように思われがちだが、これも大きな誤解だ。

論理力は言葉の一定の規則にしたがった使い方であるのに対して、感性は言葉の微妙繊細な使い方なのである。ともに、日本語の運用能力にかかっているという点では共通なのである。

論理力や感性は「後天的に身につけられる」

あの人は頭がいい。私は頭が悪いから、ダメだ。

あの人は鋭い感覚の持ち主だ。私はそんな才能はない。

このように、頭の善し悪し、感覚は、先天的なものであり、努力だけではどうにもならないものと思われがちである。

実は、これも大きな誤解なのである。

たとえ頭の善し悪しは先天的であっても、論理力は後天的に学習・訓練によって習得すべきものなのだ。

そして、頭の善し悪しなど実生活では何の役にも立たない。

人生の鍵となるのは、論理力の有無なのである。

感覚も同様で、何でも「明るい」「暗い」といった粗雑な言葉で満足している人をとても鋭い感覚の持ち主とは思えないが、とにかく感覚は生まれつきであって、感性もまた、後天的に学習・訓練によって獲得すべきものなのだ。

なぜなら、理由は明らかである。

論理力も感性も、日本語の運用能力の問題であり、そして、私たちは言葉を後天的に習得しているからである。

あなたも日本語が喋《しゃべ》れるならば、**学習・訓練によって必ず「論理力」を身につけ、鋭い「感性」を武器とすることができる**はずである。

本書が提案する勉強法は、こういった観点から、論理力・感性・記憶力を獲得し、さらにそれを会話力・読解力・文章力・コミュニケーション力へとつなげていくための、まったく新しい勉強法なのである。

第1章まとめ

▼「楽しい」から、勉強は続けられる
▼「ビジネスパーソン」にこそ、勉強が必要
▼模倣教育から、「創造力を育てる教育」への転換
▼間違った方法で勉強する限り、「何も身につかない」
▼「情報を選別する時代」になった
▼情報の選別には「論理力」が求められる
▼グローバルなコミュニケーションには、「論理力」が欠かせない
▼「意味連関」を利用した記憶は、必ず定着する
▼「日本語の運用能力」を身につけることで、論理力と感性が養われる
▼論理力を始めとした「考える力」は、後天的に身につけられる

第2章

「論理力」を身につける

「いままでの勉強法」に決定的に欠けているもの

物事の筋道を「理解し、説明する」力

いまや、模倣の時代から創造の時代に変わりつつある。

それに合わせて**勉強法も変えていかなければならない**。

その中核をなすのが、「論理力」なのである。

かつて、算数や数学は、いかに速く正確にこなすかという点で、模倣・模写の訓練に利用されてきた。それは、いまではすべてコンピュータの仕事となっている。

これからの数学は、筋道を理解する能力を養成するものとして、新たな光を当てら

れるはずだ。本来、数学は、まずその筋道を理解することが要求される学問だからだ。

また、情報社会の中では、文系であろうとも、ある程度は、数学の知識が必要になってくる。


私たちは「後進型」から「先進型」への意識変革を求められている。後進型とは、すでにある優れた何かを学ぶことであったが、先進型とは、物事を理解し、その上に立って、さらに一歩前進することである。

先進型になるために必要なのが、物事の筋道を理解する力、すなわち論理力なのだ。

私は、**覚えることは理解すること**だといった。

物事の筋道を理解する力、ここでも論理力が重要になってくる。

さらに、個々のバラバラな知識を有機的に結びつける力も、論理力である。

もう一つ。これからは国際化時代で、私たちはさまざまな民族と関係を持つことを余儀なくされる。

人種も文化も異なる人々とのコミュニケーションにおいて、感覚はいっさい通用しない。日本の常識が、相手にとっては非常識だったりもする。

そういった国際社会の中で、唯一の言語たりうるのがロジックである。

そのロジックを理解し、駆使するにも、また、論理力が必要なのだ。

なぜ、日本人は「論理的に考える」のが苦手なのか？

「他者」という言葉は、どういうニュアンスで使われているだろうか？

単なる「他人」といった粗雑なとらえ方ではダメだ。

たとえば、アメリカ社会を想像してみてほしい。

隣の人は白人かもしれないし、黒人かもしれないし、黄色人種かもしれない。人種も肌の色も文化も宗教も価値観も違う人々の集合体だ。

その中では、感覚などは通用しない。

お互いに、根本のところでどうやってもわかり合えないという絶望感が、「他者」という言葉にはある。

ヨーロッパの社会には、根底にこの「他者」という意識がある。

ところが、日本は同族社会で、お互いになんとなくわかり合えるという安心感のもとに、人間関係を構築しているから、**強烈な他者意識が欠けている**。

だから、論理力が身につかない。

アメリカでは、お互いに理解し合えない他者と、一つの社会をつくっていかなければならない。

そのうえ、キリスト教の「隣人を愛せよ」といった重石が加わる。

他者との関係を構築するためには、社交術が必要となる。

彼らは、一見したところ明るく友好的だが、その裏では拳銃を手放すことができないでいる。

私たちはそんな彼らの絶望感を理解できない。

理解し合えない人間と取引するためには、お互いにルールを設定し、契約を取り交わす必要がある。西洋は、すべて契約社会である。

さらに、自分を主張し、相手の主張を明確につかむ必要がある。

自分はこうだ、お前はどうなんだ？

互いの立場を明確にして、初めて関係が取り結べるのだ。

日本人のように、相手にすべて曖昧《あいまい》にぼかされると、彼らは途方に暮れてしまう。

論理的な言語「英語」に学ぶ、ものの考え方

西洋人の意識は、その言語に表れている。

ヨーロッパ語は、what, how, why など、必ず疑問詞が先にくる。

yes, no も冒頭にくる。肯定文か否定文か、あるいは疑問文かが、最初に明らかにされなければならない。

英語に関係代名詞が多いのは、まず自分の立場を明確にし、そのあとに関係代名詞を使って補足説明をしていくからだ。

英語がこのような構造になっているのは、相手に対する根本的な不信感があるからで、そのため互いの立場を明確にしないと、関係が取り結べない。

お互いに理解し合えない者同士が関係を結ぶ手段が、言語である。その結果、言語は論理的なものにならざるを得ない。

さらに、互いに主張し、対決し合い、**その結果、互いの共通点と相違点を明確にし、それを踏まえて、どうやって関係が結べるかを探り合う。**そこでダイアローグ（対話）が発達する。

このように、英語を始めとするヨーロッパ語は、本来強烈な個性を持ったものなのである。

それはある意味で排他的であったはずなのだが、その強烈な個性ゆえに、逆にいまや世界の共通語になりつつある。

グローバル化が声高《こわだか》に叫ばれる時代だが、私たちは国際社会の中でさまざまな国家、民族と関係を持つことを余儀なくされている。

そこで必要なのが、英語の持つ「論理性」なのだ。

ロジックは、互いに理解し合えない者同士が関係を取り結ぶ、唯一の手段なのだから。

世界の国々は、それぞれに異なる文化や歴史を持っている。そして、その歴史の中では侵略、被侵略が繰り返されてきたのである。

そういったものを無視して、人類はみな兄弟なのだから仲良く手を取り合おうでは、机上の空論でしかない。

互いに相手の文化や歴史を認め、対話し、両者の相違点を踏まえたうえで、どうすれば関係を取り結べるのかを模索する。このことが、これからの国際社会では大切なのではないか。

日本のような、歴史認識も曖昧なまま、臭いものにはふた的なあり方では、他の国々はどうやって関係を取り結べばいいのか、途方に暮れるばかりである。

「ロジック」がなければ、世界で通用しない

日本の言語を考える場合、現代の生活感覚で考えてはいけない。

江戸時代までは、日本人は移転の自由も認められていなかった。

まさに、土地に縛りつけられていたのである。

だから隣の人間はいつだって同じで、場合によっては、先祖代々同じ家族と隣人づき合いをしなければならない。村人は、村の人間一人ひとりを知り尽くしていて、互いの考え、価値観、好みなど、自明のことなのである。

彼らは与えられた集団とうまくつき合っていく必要があった。

村八分は、死を意味した。いったん集団から排除されたら、生きてはいけない。

そこで、彼らは集団の秩序を何よりも重んじた。その集団は身分社会であった。

それゆえ、日本語は敬語表現が発達していく。角が立つのを極端に恐れるから、婉《えん》曲《きょく》表現が発達する。さらに、すべてをはっきりさせず、曖昧なままにぼかしていく。

お互いわかり合った者同士のコミュニケーションの手段としての言語なのだから、その言語は感覚的なものになる。

日本語においては、疑問文であろうと、否定文であろうと、すべて語尾で決定される。だが、最後まで聞いてみないと、疑問文なのか、否定文なのか、わからないわけではない。

すでに、自明のこととして相手の考えはわかっているのである。

だから、私たちは最後まで聞いて確認する必要はない。

相手の話を真剣に聞いているとき、最後の最後で相手が「〜ではない」と、すべてを引っくり返すとは疑わないだけの信頼関係があるのである。

私たちは無意識にそれを当然と考えているが、それは相手を信頼していることが前提で、その点で日本語は西洋の言語と根本的に異なっている。

私たち日本人は互いにわかり合っている者同士が言語でコミュニケーションをとっているのであって、信頼できない者はよそ者であり、そもそもそういう人間とは関係を持とうとはしない。

日本語はいうなれば、愛撫の言語である。

仲のいい者同士が、喫茶店などでたわいもないおしゃべりに興じる。それは言語で愛撫し合っているので、私たちはリラックスし、安らぎを感じることができる。

私たちは欧米人のように、言語を闘争の武器とは考えない。

それはそれで、一つの文化である。

平安時代の文化は、こういった極度に洗練された感覚的な言語がつくり上げた、世界でもっとも美しいものの一つである。

だが、いまの時代にあっては、国際社会の流れの中で、世界に向かって発言すべき言語を持たないというのは問題である。

愛撫の言語に「論理（ロジック）」という武器を装備してこそ、初めてこれからの時代を生き抜くことができるのだ。

「論理」を使えば簡単に理解できる

子供の会話の中にも「論理（ロジック）」はある

では、論理とはどんな構造を持つのか。
論理について、２つの誤解があるのではないか？

①論理とは、特殊な世界にだけ必要なもので、自分には関係がない。
②論理なんて、難しくて頭が痛くなる。

世間にはこういった誤解があるが、少なくとも、いま私が提唱している論理とは、こういったイメージとは一番遠いところにあるものだ。

幼い子供は、まだ他者を意識することがなく、彼らの言動は、その時点ではあまり論理性を持っていない。家族などの身近な人間とコミュニケーションが図れさえすればいいのだし、彼らとは、すべては感覚に訴えれば、十分通じ合えるのである。

また、感覚で通じ合えない人間とは、積極的に関係を結ぼうとしないし、そうする必要もない。泣いたりすると、相手が察して、何かをしてくれるのだ。

ところが、その子供が幼稚園に行き始めて、初めて自分とは異なる環境に育ち、違った価値観を持つ他の子供たちと出会う。そうして、他者を意識し、おずおずとではあるが、自分なりにコミュニケーションを図ろうとする。

そのときに、**無意識のうちに論理を駆使しようとする**のだ。幼稚園に行き始めた子供が異常に疲れたり、発熱したりするのも、こういった理由による。

その段階にまで発達した子供が、母親におもちゃをねだったとする。彼にとって、そのおもちゃはなくてはならないものだが、母親にはその気持ちが伝わらない。


「ねえ、お母さん、買ってよ」

「どうして、そんなのいるの？　いらないじゃない」

子供はどうすれば買ってもらえるか、懸命に考える。

「だって、〇〇君も持ってるもの」


このとき、母親は子供にとって、他者なのだ。そして、他者に自分の思いを伝えようと筋道を立てた。これが論理なのである。

これは具体例である。一つの根拠を挙げたのだ。こういった子供の思考の中にも、立派な論理がある。

「〇〇君が持っていたからって、どうしてあなたがいるの？」

そこで、彼は考える。彼の顔が輝き、生き生きとしてくる。

「あのね、だって、今日、先生がこのおもちゃ、いいねっていってたもん」

彼はまた論理を持ち出した。

「先生がいっていた」

これを引用という。

こうして、私たちは無意識のうちにも論理を繰り出している。

論理とは、日常的に用いられているものなのである。

大学入試の「現代文」につまずく理由

子供は、こうしてそれなりに論理という武器を身につける。だが、「子供の論理」から「大人の論理」に至るには、大きな壁がある。

子供が成長したところで、彼の世界にいるのは家族や先生、友人などだけで、そこでは強烈な他者性を意識することなど、ほとんどない。

彼らの言語は、そのほとんどが、愛撫の言語である。

最近、よく、若者特有の言葉が問題になる。

本人たちはそれでコミュニケーションしているのだから、いいのかもしれない。それどころか、そういった言葉遣いをすること自体、お互いが仲間だという証拠であり、言語で愛撫し合っているのである。

だが、逆にいうと、**若者言葉は仲間以外の人間を排除する**、排他的な言語なのである。彼らは大人の社会に入ったとき、世代や立場や考え、感覚の違う人たちと関係が結べない。結局は、逆に社会から排除されてしまうことになるのに、当人たちはその恐ろしさに気がつかない。


私たちが最初に突き当たる壁というと、大学入試かもしれない。なかでも、現代文に苦戦した方は多いだろう。

なかでも評論は、他者を意識したジャンルである。不特定多数の人に自分の主張を伝えるために、手段として、高度に発達した論理を駆使する。

愛撫の言語になじんだ若者が、現代文を苦手とするのも当然なのだ。

高校から大学へ、その間に遂げるべき大きな飛躍は、これまで述べてきた他者性と論理にある。そのことの自覚がないまま大学に入ってしまうと、どの講義も面白くなく、勉強に対して目的意識も持てなくなってしまう。年々、五月病にかかる大学生が増えているのもそのためだ。

文章を「速く、正確に」読み取る方法

論理的に正しいとは、それがイコールで結ばれているということである。

数学でも、

$$3X \times 4=24$$
$$3X=6$$
$$X=2$$

が正しいのは、すべてがイコールで結ばれているからであって、どこか1カ所でも

イコールが成り立たないとき、それは論理的に間違っているのである。

物理でも、化学でも、事情は同じだ。

すべてのものとものとが引っ張り合っているなら、月と地球も引っ張り合っているし、リンゴと地面も引っ張り合っている。だから、リンゴは木から落ちるのである。

ここでも、**すべて、「イコールの関係」が成り立っている。**


文章においても、まったく同じことがいえる。英語でも、現代文でも、古文でも、筆者が筋道を立てて説明する限り、必然的にイコールの関係で結ばれているはずなのに、私たちは文章を読む際に、そのことをまったく意識しないでいる。

現在、速読法といわれるものがもてはやされているが、その大半は、要は〈とばし読み〉ではないか。

だが、それではせっかくの文章がもったいないし、少なくとも入試においてはまったく役に立たない。

論理的な文章である限り、論理を追っていけば、〈とばし読み〉などしなくても、ずっと速く、しかも正確に読めるのである。

論理的であるとは、「イコールで結ばれた関係」であることは、すでに述べた。それは文章においても、成り立っている。筆者が自分の主張を筋道を立てて説明すれば、同じことの繰り返しになるのだ。たとえば、

A　僕の妹はみんなかわいい。

を主張しようとする。相手は不特定多数の人間である。そこで筋道を立てると、

A'1　僕の妹のゆきこはかわいい。
A'2　僕の妹のひろこはかわいい。
A'3　僕の妹のゆりこはかわいい。

と繰り返すことになる。

A'1、2、3とも、それぞれの内容はまったく異なっている。だが、すべてA（僕の妹はみんなかわいい）をわかってもらうためのもので、論理という観点からすれば、そこにはイコールの関係が成り立っている。

論理的な文章では、筆者の主張Aがくれば、次にはA'と形を変えて繰り返されることになる。もちろん、英語においても事情が異なることはない。

逆に、A'（僕の妹のゆきこはかわいい）から始まる文章は、どこかで一般化することになる。

A'から始まってA（僕の妹はみんなかわいい）と話を展開することで、話題をより一般的な地平にまで押し上げたのである。

そういった論理を意識すると、文章の読み方が大きく変わってくる。

筆者の主張は「引用」「比喩」で繰り返される

筆者がAを主張しようとするとき、不特定多数の読者に対して筋道を立てようとする。

どうすればいいのか?

たとえば、相手が納得するまで根拠を挙げればいいのである。

「どうして、そのおもちゃがいるの?」と聞かれたら、「○○君も持っていたよ」と、答えればいいのである。これを具体例という。

一つひとつの具体例はすべて違った内容を持っている。だが、論理という観点からすれば、**すべてはAの繰り返し**なのだ。

エッセイなどで多いのだが、読んでいるうちに筆者自身のエピソードに出くわす。実はどんなエピソードであっても、筆者の主張と無関係に、突然持ち出されるはずがない。

あくまで、主張したいことがあり、それを裏づけたり、印象づけたりするために、そのエピソードは持ち出されたのだ。ということは、これもやはり論理という観点から見れば、Ａの繰り返しといえよう。

また、他人の文章を引いてくる場合も多い。これを引用というのだが、たとえば、漱石やパスカルの文章を、なぜ引用したのか？　筆者と主張が同じだからである。ただ、文体やレトリックが違うだけで、筆者とまさに同じ主張をした、まさにその部分を引いてくるのだ。だから、読まなくても、すでに述べようとする内容はわかるのだ。これもやはり論理という観点からすれば、Ａの繰り返しである。

ここまでをまとめると、次のようになる。

Ａ　筆者の主張
＝
Ａ'（具体例、エピソード、引用）

これらの間には、すべてイコールの関係が成り立っている。

筆者が主張したいことは、エッセイでない限り、今夜はラーメンかカレーか、どちらにしようかということではなく、現代の危機や、情報社会についてなど、一般的、普遍的なことである。

普遍的なことは形を持たないから、私たちには理解しにくいことが多い。理屈はわかるけど、何かピンとこないというのが、それである。

そういった場合、私たちはそれを身近な何かに置き換えて話す。

それが、比喩である。

つまり、比喩も、論理という観点からすると、筆者の主張の繰り返しなのである。

それを、自分の感覚で勝手に解釈するから、わからなくなる。

比喩も、やはり筆者の、形を変えた繰り返しなのだ。

文章には言葉の数だけ意味があり、また多くの情報が盛り込まれている。それらをすべて短時間で頭に入れることは不可能である。だが、論理を意識すれば、一見数多くの情報を読み取らなければならないと見えて、実はたった一つ、Ａの繰り返しだとわかる。

もちろん、このことは英語にも、いや英語にこそ、当てはまる。こういった**論理力を身につけたかどうかで、その人の読み方そのものが変わってくる**のだ。

野口悠紀雄氏は、『「超」勉強法』（講談社）の中で、文章をその分量によって4つに分類し、1500字程度の短文は、筆者の主張はおおむね一つであると指摘している。

実際、入試問題はこの程度の短文であるから、たった一つの主張さえつかみとれば、あとはその繰り返しで構成されていると考えられる。

うまく読めないのは、自分勝手に解釈するからなのだ。

すべてはAを形を変えて繰り返したものにすぎないのだから、筆者の筋道にしたがえば、読み間違えるはずがないのである。

「頭を使わずに」文章を読み解く秘訣

「論理といわれると、難しくて頭が痛くなる」

これが大半の人の論理に関するイメージではないか。

実は、まったくその逆なのである。

入試など、限られた時間の中で、与えられた情報をすべて理解できたなら、その人はよほど頭のいい人である。私は**頭を使いたくないから、論理に着目する。**

新聞などの短文ならば、筆者の主張はせいぜい１つか２つ。だから、短時間で正確にそれをつかみとれるのである。

論理とは、複雑なものを単純化する方法である。こんな便利なものはないのに、ほとんどの人がこれを利用していない。

英語は現代文よりもはるかに論理的である。冒頭にAがくれば、たいていは最後にもう一度Aがくる。その間はA'（具体例、エピソード、引用）で、それを冒頭と末尾でサンドイッチにしている。そういった論理構造を理解すれば、少々英文の内容が読み取れなくても、文章の内容はつかめてしまう。

世にさまざまな速読法があるが、それらのほとんどが斜め読みの方法である。膨大な情報の中で、必要なものをピックアップするにはいいかもしれないが、所詮《しょせん》、論理を無視した読み方では、その場限りの知識しか得られない。

論理を追えば、文章の要点を早く、正確に読み取ることができる。

実は、これが一番有効な速読法なのである。

ただし、こうした論理力は、論理的な文章を数多く読むことによって培うべきだ。それには佐藤優氏が指摘したように、もう一度受験現代文の参考書を解いてみるのがもっとも効果的である。現代文の記述問題は、筆者の立てた筋道を理解し、設問に対しても、その筋道にしたがって答えればよい。つまり、文章中の論理を抜きだし、設問に対して改めて順序立てて論理を組み立て直せばいいだけである。

現代文の入試問題を論理に着目して解くことは、論理力獲得の最短の方法なのだ。

第2章まとめ

- 時代の変化に合わせて、「勉強法を変える必要」がある
- 「同族社会」では、論理力が身につきにくい
- 論理は、他人と関係を結ぶ「唯一の手段」
- 愛撫の言語に「論理（ロジック）」という武器を装備しよう
- 論理は日常にあふれており、「難しいものではない」
- 論理を習得して初めて、「大人の言葉」を獲得する
- 論理を追うことで、「速読は可能」になる
- 「引用」も「比喩」も、同じことを言い換えているだけ
- 論理さえつかめば、「頭を使う必要はない」

第3章

一生忘れない「記憶術」

一度覚えたら一生忘れない「記憶術」

なぜ、勉強したことを「覚えていられない」のか？

「私は記憶力が弱い」「せっかく覚えてもすぐに忘れてしまう」

こう嘆く人を私は周囲によく見かけるが、こういった人は、覚えようとすれば、魔法のようにすぐに知識が頭に入ってくるとでも思っているのではないか。

昔、受験戦争がもっとも激しかったころ、英語の辞書を片っぱしから覚えようと決意し、「覚えたページを食べてしまった」と豪語するつわものがいたが、もし本気でそれを実行したのなら、愚の骨頂である。

「覚える」ということは実に厄介で、努力しても、そう簡単に覚えられるものではない。記憶するには、次の条件が必要である。

①一度どこかで見たことがある。
②理解している。
③反復し、定着している。
④使いこなす。

４つの条件のうち、すべてとはいわないが、いくつかを満たしていないと覚えられないし、覚えてもすぐに忘れてしまう。覚えるとは、それほど困難な作業なのである。

①であるが、たとえば、漢字などは英単語と比べて、それほど苦労せずに覚えられる。なぜなら、たいていはどこかで見たことがあるからだ。

ただ、いざ書けといわれると、正確に書けないだけである。

少し書く練習をすれば、比較的楽に習得できる。逆に、生まれて初めて見る漢字を

10個ばかり覚えようとしても、なかなかうまくいかないものだ。

生まれて初めて見る英単語を、単語集と首っぴきで頭から覚えようとしても、なかなか覚えられないのは、こういった理由による。

覚えるとは、いったんどこかで見たものを、頭の中に定着させることなのだ。

②であるが、私は理解していないものを覚えるほど苦痛なことはないと思う。歴史でも、時代の流れや因果関係などを理解していくと、自然と覚えられるものなのだ。

以前、あるタレントから、物覚えが悪くて舞台の進行や手順などもなかなか覚えられないと相談を受けたことがあるが、それは舞台全体の中での自分の役割、流れなどを理解せずに、自分の出番だけを記憶しようとするからなのである。

全体を理解してさえいれば、仮に度忘れをしたところで、即興で切り抜けることができる。私は講義や講演をする場合も、覚えようとしたことがない。全体の流れを理解し、あとは筋道を立てて話すことを心がけるだけだ。

さて、③であるが、いったん覚えても、人間は忘れる動物である。覚えては忘れ、また覚えては忘れを繰り返す中で、ようやく物事が頭の中に定着していくのだ。

忘れるのは、あなただけではない。覚えられるかどうかは、忘れることを前提に反復したかどうかによるのである。

最後に、④であるが、いったん覚えたことを忘れない方法がある。

それは、使ってみることである。

数学だって、覚えた公式を使っているうちに、自然と忘れなくなる。法律だって、経理だって、さまざまな実践の場で使いこなすうちに、忘れなくなるだろう。

それゆえ、英単語も、覚えたら文章の中で確認し、歴史も問題練習を**繰り返して勉強することが重要**になってくる。

とくに司法試験などの国家試験は、合格した後、その知識を使いこなさなければならない。そのためには自分の中で血肉化しなければならず、それには論理的な理解なくしては成り立たない。

以上、「記憶」とは、4つの条件のいくつかを満たすことによって、初めて覚えられるものなのである。

いきなり何の関連もなく物事を覚えようとしても、誰だってうまくいかないのだ。

忘れないための「頭の使い方」

記憶することと、考えることは、決して相矛盾することではなく、逆に、表裏一体の関係にあるといえる。

私たちは必要な知識を習得し、それを使って物事を考えるわけで、何もないところで、宙をにらんで考えているわけではない。

数学でも、物理でも、公式や法則を理解し、知識として習得し、そうして、ものを考えるのである。その知識が曖昧だと、いくら考えようとしても、うまくいかない。

英語でも、構文、単語、イディオムといった知識が曖昧なまま、文章を読もうとするから難しい。

ビジネスシーンにおいては、商品情報などを単に知識にとどめるだけでなく、それを誰よりもわかりやすく説明できるように、論理的に理解し、いつでも取り出せるように整理しておかなければならない。

私たちは物事を理解し、知識として定着させ、それを使って文章を読んだり、ものを考えたりする。

そうして知識を使いこなし、考える過程において知識を反復するから、忘れなくなるのである。

理解↓記憶↓定着↓思考↓使用↓記憶

こういったサイクルの中で、知識は次第に自分の血肉となるのであって、こういったサイクルからはずれて、単独に浮遊している知識の習得は困難である。

1年経っても、記憶を100%維持できる

覚えるということは、忘れるということである。

では、人は1年でどれくらい忘れるのか？

ここに、「脳生理曲線」という実験データがある。

たとえば、いま、ここで英単語を100個完全に覚えたとしよう。実験データによれば、1年後には、およそ20〜30個しか覚えていないことになる。

受験生の場合は、いまどれだけの知識があるかではなく、1年後に控えている受験当日にどれほどの知識を習得しているか、が大切になる。

ところが、覚えたときは100%近く頭に残っているから、すでに知っているものと思い込む。受験時にはそれが20〜30%になっていることに気がつかない。そういった曖昧な知識で英文を読もうとするから、難しく感じるのである。

では、どうすれば、1年後に100%の記憶を維持できるのか？

79ページのグラフを見てほしい。

同じことを2回繰り返すのは、効率が悪い。それならば、ものを2倍覚えたほうが賢明だと、多くの人は思い違いをする。

このグラフを見たら、それが錯覚であることは一目瞭然《りょうぜん》である。

いったん覚えたものを、1週間後にもう一度繰り返し勉強したとする。この段階では、1週間前に覚えたことの8割はまだ記憶している。残りの2割も、一度頭に入れたものなので、わずかな労力で思い出すことができる。

2回目に記憶しようとするときは、おそらく**初めて覚えるときの半分以下の労力で十分**なのである。

それなのに、2回同じことを繰り返せば1年後の記憶量（私は受験生に対して「収穫量」と説明している）は倍増する（79ページ、A図参照）。

さらに、もう一度繰り返して勉強する。3回目は、すでに9割以上は記憶している。残りの1割もすでに2回繰り返しているのだから、覚える労力は大したことはない。ところが、収穫量はまた倍増するのだ。

つまり、**忘れないうちに、なるべく早く繰り返せばいい**のである。

では、何回繰り返せば、1年間、記憶を維持できるのか。

脳生理曲線の実験データでは、平均4～5回という数字が出ている。それだけ繰り返せば、忘れなくなるのだ（79ページ、B図参照）。

もう一つ大切なことは、これは人間の生理であって、人によって例外があるわけではないということである。

ものを覚えるスピードには個人差があるが、忘れることについては個人差はない。

たとえば、テレビなどで、天才少年がその場でものの見事に暗記能力を披露することがある。だからといって何も驚く必要はない。覚えてもその場だけのことで、テレビの収録が終わった瞬間、すべて忘れているはずだ。

大切なのは、記憶を定着させ、実践に生かせるかだ。

私たちは、こつこつと4回繰り返せばいい。すると、記憶が定着する。

勉強を続けていけば、やがて覚えたことを問われる場面が出てくるだろう。

そのとき、記憶した知識を使いこなす練習をすればいい。

[脳生理曲線（A図）]

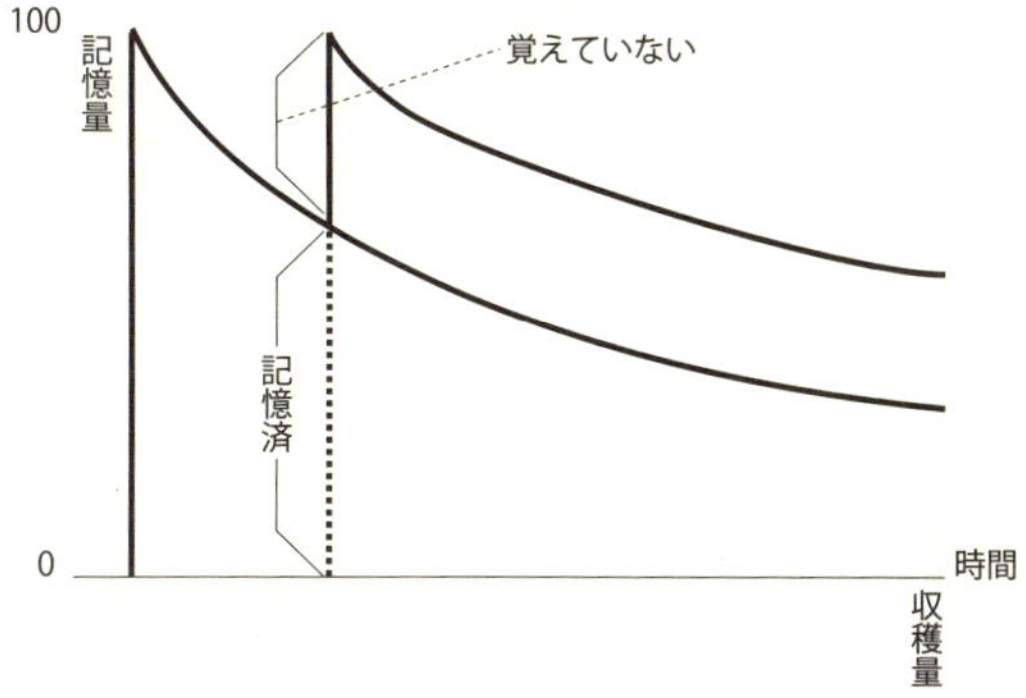

[脳生理曲線（B図）]

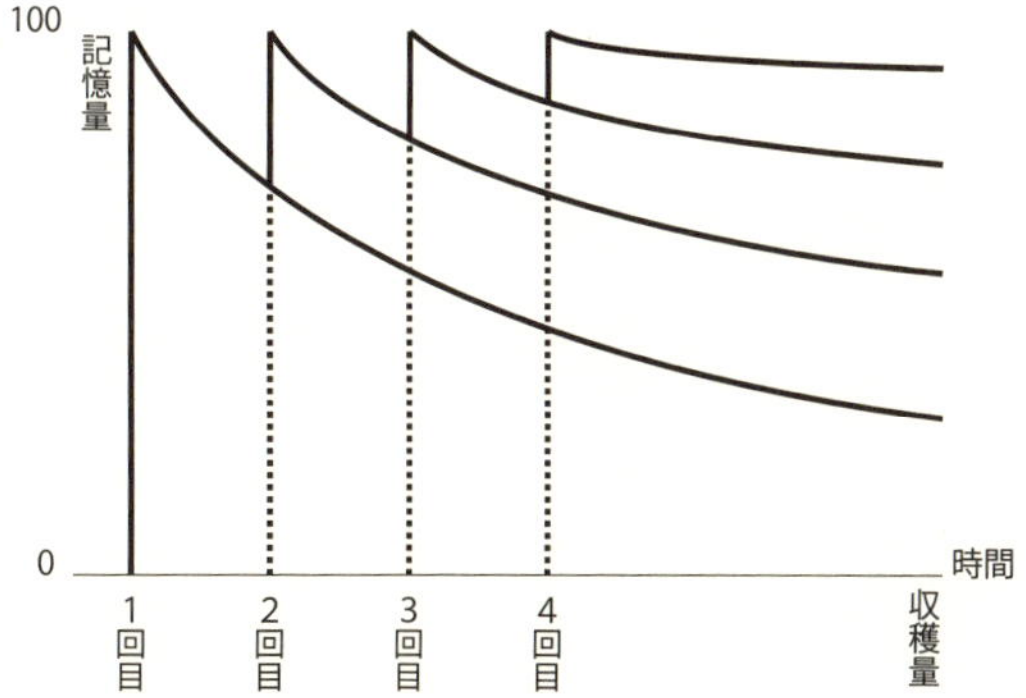

挫折しらずの「記憶術」

1冊を徹底的にモノにする

1週間に何十冊もの本を読むことは可能である。だが、それは斜め読みの方法にすぎなく、多くの情報の洪水の中を素通りして、某《なにがし》かの「いま」を読み取る行為にすぎない。それでは真の学力を養成することはできないのだ。

本当に生きた知識を獲得することは並大抵のことではない。ましてや司法試験などの**国家試験のための対策は、対象科目に対する徹底した学習が必要**となる。

語学でも歴史でも何でもいい。知識を吸収しようとするなら、単なる読書では効果がない。１冊のテキストを選び、バイブルと信じて、徹底的に自分のモノにするのだ。79ページの脳生理曲線を頭に置けばわかるはずだが、知識を獲得するには、１冊のバイブルを何度も何度も線を引きながら繰り返し、ノートに書き出し、自分のモノにする。ものを記憶するとは、それほど大変な行為なのだ。

私は歴史が好きで、すでに何十冊もの歴史書を読んでいるのだが、それでも歴史家にはなれないし、歴史を講義することはできない。

なぜなら、趣味で読んでいる限り、全体の雰囲気はわかるのだが、何年に誰がどんな事件を起こしたのかをすらすらと答えることはできない。

記憶しようとしていないので、確実な知識を習得することができないのだ。

そして、どの分野においても、鍵となる確実な知識がないと、全体を俯瞰したり、整理したり、深く思考したりすることができない。何冊読書をしたところで、面白かったという印象が残るだけで、それでは趣味の域を出ることはない。

あなたが学習しようとする分野において、バイブルを１冊決め、それを徹底的に自分のモノにする。そのことで、あなたの中にその分野に対する基礎学力が養成される。

それさえ確固たるものとすれば、後は本をどんどん読んでいけば次々と新たな知識が吸収される。しっかりと骨格ができているから、理解が早いし、自分の不足している知識だけを、しかも体系づけて吸収することができるからだ。

あなたの中に「これがバイブルの1冊」というものがあるかどうか、それを改めて確認してほしい。

誰もが陥りやすい、失敗の「勉強パターン」

浪人生で失敗する典型的なパターンがある。浪人をしたら、人よりも1年余分に勉強できるから有利だと、高をくくっている受験生である。

難関大学であればあるほど、また私立よりも国立のほうが、浪人生よりも現役のほうが合格しやすい。なぜか？　それは、発想を変えてみればわかる。

現役は1年間忘れない努力をすればいいのに対し、**浪人生は2年間も忘れない努力をしなければならない**からだ。前述したように、1年で8割忘れるのである。科目数が多い国立ほど浪人生が不利な理由は、ここにある。

もちろん、勉強の仕方一つで、浪人生も逆に有利になるから心配しないでほしい。

浪人した当初は、誰しも張りきるものである。そこで、現役中に勉強したことには見向きもせず、次々に新しい単語集や問題集に手を出す。どんなものを選んでも、１回目の勉強には非常なエネルギーが必要である。そうやって、本人は懸命に勉強しているつもりだが、覚えたつもりでも記憶量がどんどん低下しているのに気がつかない。

覚えたときは、確かに１００％だった。現役時代に覚えたことはすでに2年目になっているから、２割も記憶に残っていない。頑張って勉強するので、そのかわり、入試問題に出もしないような細かい知識だけが膨大に増えていく。

ところが、夏を過ぎるころになると、英文や古文が読めなくなり、その他の教科についても問題が考えられなくなったことに気づく。２、３割の曖昧な知識の範囲だけが広がっていくから、だんだん混乱が生じてくる。その曖昧な知識を使って文を読むから読めなくなるし、問題を解こうにも考えられなくなるのだ。

そういった受験生は、秋風が吹くころ、ますます暗記に走る。歴史の細かい知識を詰め込むことに熱中し、英単語集に首っぴきである。

文章を読み、ものを考えることがつらくなるから、暗記にしがみつく。しかも、ものを考えるという行為は、その成果が目に見えないから、焦ってくると、どうしても避けがちになる。結果は、無残である。

そして、またもや浪人が決定した瞬間、試験はまた1年後だから同じことを繰り返し、せっかく詰め込んだ知識も7割は消えていくのである。

これは浪人生の失敗の例だが、勉強法を考える際に、受験時代を思い出すことはもっとも有効である。人間は忘れる動物である。忘れることを前提としていない勉強計画など、すべてが砂上楼閣だと知るべきである。

面白いほど頭に入る「雪だるま式記憶法」

雪だるまのつくり方を知っているだろうか？

雪だるまは、**最初の芯を固めることが肝心**である。芯となる玉さえしっかりしていたら、あとは転がすだけで自然と大きくなる。ところが、芯となる雪が固まっていないと、いくら転がしても崩れるばかりで、大きくならない。記憶も同じことだ。

たとえば、歴史の勉強においては、最初は重箱の隅をつつくような細かいところにはを目をつぶり、全体の流れを大きく理解する。そう、まさに理解しながら覚えるのである。これは全体を俯瞰することにもつながる。

次に、政治や経済、文化など、さまざまな角度から全体の流れを把握して俯瞰する。これは因果関係を記憶するためである。

さらに、世界史ならば、日本、西洋、東洋などの、横の関係を整理する。

ノートなどにまとめると、その効果は倍増する。

そうやって、理解しながら、雪だるまの芯をつくっていくのだ。覚えようとするから、苦痛なのである。覚えるのではなく、理解する。こういった勉強法なら興味を抱くことができるし、改めて論述対策をしなければとあわてることもないはずである。

そうして、教科書を何度も読み込む。理解しながら読み、また逆に、読むことで記憶を定着させることができる。

最後に、問題練習である。面白いように解けるから、またうれしくなる。ところが、この段階では主要なことしか覚えていないから、細かい知識を問う問題が出てくると解けないことがある。

すべての問題が解けないと、やる気も削《そ》がれるし、覚えるべきことも頭に入ってこない。ところが、7割解けたが、あと3割がわからないとき、わからなかったところは印象に残るし、自然と頭に入ってくるものなのだ。

そうやって、芯になる知識さえ確実なものにしておけば、あとは教科書を読んだり、問題集を解いたりするうちに、自然と知識は膨れ上がってくる。

雪の芯は、やがて立派な雪だるまとして完成するだろう。

語学や歴史、専門用語などの記憶法

実際に語学試験やさまざまな国家試験、資格試験など、さらには法律などの専門用語を記憶することは並大抵のことではない。

これにも最適な方法がある。逆にいうと、失敗しやすい記憶法もまた存在しているのだ。そこで、英単語を例に、用語を確実に記憶する方法を紹介しよう。

【「単語集」の活用法①】「1日のノルマ」は決めない

1日に英単語を10個ずつ覚えればいい。そうすれば、300日で3000語だ。

こういった言い方を耳にすることがある。確かに、1日に10個程度ならば覚えられるような気がする。ところが、これが錯覚であることは、実際に実行してみれば、すぐに気がつくだろう。**忘れることを計算に入れていない**からである。

1日10個覚えるということは、同時に、それまでに覚えた10個を忘れるということなのだ。時間をかければかけるほど、忘れる比重が増してくる。要は、一気に覚えることである。

理科や社会などの暗記も同じである。高校生ならば、土・日を利用して、一気に覚える。もっとも、理科や社会は理解しながら覚えるということが大切だが。

そして、前述した「脳生理曲線」の法則にしたがって、忘れないうちに4~5回繰り返し、覚えたと思ったら、文章の中で確かめる。あるいは、問題練習により、使いこなす訓練をする。そういった作業を根気よく繰り返すうちに、忘れなくなる。

【「単語集」の活用法②】1年かけて、「1冊をモノにする」

とにかく単語集を1冊覚え込め――そういった指導をする英語の先生がいる。

一方、単語は文章の中で覚えてこそ意味があるのだと強調する人もいる。

どちらが正しいのか?

少なくとも、受験生は、**英語の先生と同じ勉強の仕方だけは避けたほうがいい。**

なぜか? 立場が違うからである。

英語の先生は、何年も、何十年も英語を勉強している。それに対して、受験生はわずか1年足らずで英語をある程度習得しなければならないからである。

私は「理解することは覚えることだ」といった。そういった意味では、文章と切り離して単語を覚えるのは愚の骨頂で、単語集を棒暗記するのはやはり賢明ではない。だが、受験生が1年間にどれほどの英文を読んだところで、その量は知れている。単語力を文章の中で自然と身につけるのは、とうてい無理である。

だから、単語集を使うべきなのだ。

では、単語集をどのように利用すればいいのか？

ここで、もう一度、脳生理曲線を思い出してほしい。

高校の教科書や予備校のテキストなど、自分がバイブルにしようと思ったものを、何度も繰り返し暗記しただろうか。少なくとも4、5回繰り返せば、文章中の単語やイディオム、構文などは、自然と頭に入っているはずである。

高校の教科書や予備校のテキストなら、予習、講義、復習を通して、すでに何度も繰り返し勉強しているはずである。しかも、これらは理解して記憶したものなのだ。

そういった作業を忠実にこなした人は、単語集を見ると、少なくともその7割はすでに知っているか、見たことがあるものである。ならば、覚えていない残り3割は印象に残るから、自然と頭に入ってくる。「雪だるま式記憶法」である。

さらに、記憶したものでも、時間がたてば忘れていく。だから、記憶を定着させるために、常にバッグの中に単語集を入れておいて、いつでも繰り返せるようにすべきなのだ。

単語集も、何か1冊バイブルを持つべきである。そして、いったんこれと決めたら、その1冊をさまざまな角度から習得していく。最初からすべてを覚え込もうとせず、1年かけて身につけていくべきなのだ。

【「単語集」の活用法③】歯が立たないなら、いったん「捨てる」

あなたが単語集の1ページ目を開いてみたら、そのうちの2、3割しか知らなかったとしよう。

そうであれば、その単語集がやたら細かい知識ばかりを羅列した、役に立たないものであるか、あなたがこれまで教科書などをバイブルとして何度も繰り返し勉強することをしてこなかったかの、どちらかなのだ。たいていは後者のほうだが。

そんな場合は、嘆いても仕方がない。

その単語集は、いったん机の中にしまっておこう。

そのかわりに過去の教科書などを取り出して、もう一度復習してみる。最初はさっと目を通し、次に、記憶の曖昧な英単語に線を引きながら、その次はイディオムに別の色の線を引きながら、何度も読み返す。

中間試験や期末試験があるから、高校の教科書は少なくとも1、2度は目を通しているはずである。その際、少しくらいは理解しているだろう。

こういったものをやり直すのは、ほんの少しのノスタルジアも覚えて、案外と楽しいものである。ただ、すでに1、2年前に勉強したものだから、かなり忘れてしまっている。

それでも初めて見るものを改めて覚えるよりも、このほうがはるかに速く、楽なはずだ。しかも、文章の流れの中で覚えられる。

英単語や古語の覚え方は、一般の社会人にとっては縁のないものかもしれないが、覚えるという作業自体は何ら変わるところがない。

ここで紹介した法則を頭に入れて、ぜひ自分なりの記憶法を確立してほしい。


【「俯瞰的視点」による記憶法】


理解すること、繰り返すことで定着させること、使いこなすこと、こういった記憶の原則は、理解を必要とする分野において圧倒的な威力を発揮する。

「俯瞰的視点」というものがある。これは後で詳説することになるが、**細かいことは無視して、全体を見渡す**ことをいう。

たとえば、日本史や世界史を例にとろう。

最初から、細かい歴史的事項を頭に入れようとするから、膨大な知識を詰め込まなければならなくなるのだ。

たいていの人は、まず原始時代・旧石器時代から、歴史の第一歩を始める。原人の名前を覚えたところで、それに興味を抱く受験生は例外的である。

何の関連もなく、個々の浮遊する知識を覚えることほど、苦痛はない。

覚えなくてもいいのだ。因果関係を理解すればいい。

まずは、歴史の流れを大まかにつかんでやる。これが俯瞰的視点である。細かい知識はいっさい無視して、それぞれの時代の最重要事項だけを因果関係の中で把握する。

次に、テーマ別にその流れを追う。政治史、経済史、文化史といった具合にだ。

世界史ならば、中国史を、殷《いん》、周、秦、漢という時代別に、それぞれの重要事項だけをまとめる。

あるいは、横の関係をまとめてみる。たとえば、ヨーロッパの中世では中国はどうで、アラブはどうだったかとか、縦横無尽に因果関係を押さえる。

そうやって、理解し、関連づけて、少しずつ頭に入れていくのだ。もちろん、こういった作業は、教科書を何度も読み込みながら、整理していく。

大切なことは、次の3点である。

①覚えようとはせず、さまざまな因果関係をつかむこと（理解すること）。

②細かいことはいっさい無視して、とりあえずは最後まで押さえてしまうこと（俯瞰的視点）。

③教科書を読み込み、最重要事項だけを抽出し、まとめたところで、繰り返し教科書を読み込むこと（「脳生理曲線」の法則）。

こうやって理解しながら、少なくとも4回以上は教科書を読み込めば、重要事項は自然と頭に入ってくるものである。

これは脳生理曲線の実験データにもかなっているし、さらに、「バイブルをつくれ」といった法則にもかなっている。

もちろん歴史は一つの例にすぎない。学習には英単語を記憶するといったものではなく、科学的な分野や法律などの分野のように、理解を必要とするものが圧倒的に多い。そのときは、細かい事柄から始めるのではなく、**全体を大づかみにし、それから徐々に細かいものを肉付けしていく俯瞰的視点**による記憶法が有効なのである。

「覚えるためのノート」のつくり方

人間は自分の手で書いてみて、初めて物事が理解でき、頭の中で整理されることがある。

歴史はあくまで教科書をバイブルにすべきだが、ただ漫然と読むだけでは、結局いつも同じものしか目に入らず、記憶からこぼれ落ちてしまうものが出てくるのだ。

なぜ、書くことによって整理できるのか？

「対象化」という評論用語がある。

物事を、距離を置いてとらえることをいう。

たとえば、あなたはいま自分の顔が見えるだろうか？

見ようとする自分を、「主体」という。

そして、主体と「客体（見られるもの）」との間に距離がないとき、物事は客観的にはつかめない。

自分の顔を見ようとするなら、鏡を見るべきである。鏡の中の自分の顔は、距離を置いたものである。これを「対象化」といい、その結果、初めて私たちは自分の顔を客観的に判断できるのだ。

そして、ノートというのは、自分の理解を対象化する武器なのだ。だから、自分の考えを整理し、それを改めて距離を置いて眺めることができ、記憶が可能になるのである。

よく、ノートに書くのは時間の無駄だと思い込んでいる人がいるが、理解し、整理することは、記憶するのにもっとも有効な方法だし、**書くことによって実は記憶しているのである。**

そこで、先ほど述べた因果関係をノートにまとめてみる。コツは、細かい暗記事項は書き込まないこと。

そして、左ページに、なるべく一つのテーマがまとまるようにして、右ページはあけておくのである。

「重要事項の確認」は、問題集が効率的

語学試験や国家試験、資格試験対策には、「問題集を解くこと」が効果的である。最初は、薄っぺらなものがいい。分厚いものだと、最初から細かい知識が要求される。

薄いものならば、自然と基本事項を中心に問題が選ばれている。あるいは、1冊の問題集が、基本、標準、応用と分かれているものでもいい。

重要事項だけでも覚えたならば、とりあえずは試してみたくなるのが人情である。そこで、問題練習をする。要は、**使いこなすことによって、記憶したものを完全に自分のモノにする**のだ。

一つの事項でも、実際の試験ではさまざまな角度から問われるが、問題練習をすることによって、いままでとは違った因果関係で物事を把握できるようにもなる。

そして、自分が知らない細かい事項が出てきたら、右ページにメモする。そのため

に、右ページをあけておいたのである。

そうやって、問題練習をこなしていくうちに、次第に右ページの書き込みが増えてくる。それを眺めるのも楽しいものである。

実は、このやり方こそが「雪だるま式記憶法」なのである。

こうやって、次第に知識が膨らんでくる。**大きな流れをつかんでから、徐々に細かい事項を記憶する。**

しかも、覚えようとはせず、理解し、問題練習を繰り返すことによって、次第に雪だるまが大きくなっていく。

こういった勉強法をふだんからしていれば、たとえ論述試験であっても、決して恐れることはない。

だが、最後はやはりバイブルと決めたテキストに戻ってほしい。

かといって、ただ読むだけでは頭に入ってこない。

できたら、バイブルと信じたテキストをもう1冊買って、2冊を絶えず手元に置くこと。そして、1冊は徹底的に塗りつぶすのである。

まず、1冊目のテキストの最重要事項だけを赤のマーカーで塗りつぶし、そのテキストをすらすらと読めるようにする。もし、塗りつぶしたところが思い出せなければ、もう1冊のテキストを見ればすぐにわかる。

次は、重要事項を別の色で塗りつぶす。

さらには、歴史を例に挙げるならば、人名、年号、原因となる箇所などを順に塗りつぶしていく。やがて、あなたはほとんどマーカーで塗りつぶされたテキストをすらすら読めるようになるだろう。

これで、あなたのテキストはバイブルとして完成したのだ。

ここまでやる必要はないと思う人がいるかもしれない。

だが、逆にいうと、記憶するというのはこれほど大変なことなのだ。

よく、本をさらっと読んだだけなのに、私は暗記が苦手だとうそぶく人がいる。

そういう人は記憶力が不足しているのではない。簡単に覚えられると、勘違いしているのだ。その認識を改めない限り、効果的な勉強など、どだい無理な話である。

そして、このように**理解しながら記憶することは、実に楽しい**ことでもあるのだ。

第3章まとめ

- 「4つの条件」を意識すれば、記憶の定着率がぐっと高まる
- 忘れないうちに繰り返すことで、「記憶は定着する」
- 1冊のテキストを徹底的に「モノにする」
- 人間は「忘れる動物」であることを前提に勉強する
- 「全体の流れ」を頭に入れてから、記憶を始める
- 長期的に取り組み、ときには「あっさり捨てる」こともアリ
- 「書くこと」で、記憶はさらに定着する
- 「問題を解き、使いこなす」ことで、記憶を完全にモノにする

第4章

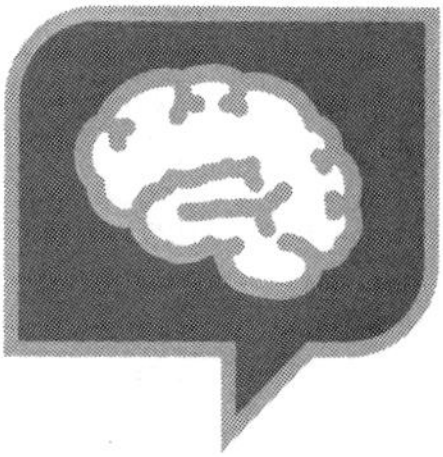

「読解力」を深める

「常識」を捨てると、新しい世界が見えてくる

「おやっ？」と思うところに、いいたいことが隠されている

頭がよくなる方法を教えよう。

それほど難しいことではない。日常の中で、ほんの少し、第2章で述べたような「論理の扱い方」を意識するだけでいい。

あなたが受験生ならば、これを知るだけで、現代文、英語、古文、漢文、小論文などの成績が飛躍的に伸びるだろう。

そこで知っておきたいのが「レトリック」についてである。

レトリックとは、狭義では「文章上の技巧」のことである。たとえば、比喩などがそれであるし、古文でいえば、歌の掛詞《かけことば》、枕詞《まくらことば》、序詞、縁語などがそうである。

広義の意味では、**「筆者が自分の主張を読者に印象づけるためのあらゆる手段」**をさす。

意表をついたり、反対のことを述べて最後にそれを引っくり返したり、プロの文章家は少しでも読者の心を惹《ひ》きつけるために、文章を磨いているのだ。

たとえば、「急がば回れ」といったことわざにも、パラドックス（逆説）というレトリックが使われている。

急いでいるときは誰でも近道することを考えるもので、それを知ったうえで、あえて回り道をせよ、というのである。

誰もが、信じていることと反対のことをいわれたら、私たちはそこに注意を喚起される。そうやって、読者を引っ張っておいて、「あわててするよりも、慎重に事を運ぶほうがかえって早いのだよ」と、自分の主張をやんわりと述べるのである。

単に、急いでいるときは慎重にやりなさいといったところで、いったい誰がその言葉に関心を持つか。

現代文の入試問題を解くコツは、その「レトリックを見破ること」である。だいたい、普通に読んで誰でもわかる文章など、出題されるわけがない。難関大学になるほど、レトリックを駆使した箇所だから、入試問題として出題するのである。

とはいえ、レトリックも筆者の主張の繰り返しだから、**論理力さえあれば、簡単に見破れる**のである。

では、冒頭の疑問に戻ろう。頭のよくなる方法とは何か?

普段から、絶えず「レトリックを意識する」ことである。

男は女の、大人は子供の視点で「ものを見る」

以前、佐藤信夫氏の「レトリックを少々」という文章が入試に出題されたことがある。私の好きな問題文の一つだが、氏はその中で、**レトリックは想像力と創造力の営み**だと述べ、そのうえで、今日ほどレトリック感覚が必要とされる時代はないと述べている。

私たちはいつも、同じものに対し、同じ表現をする。

コインは丸いし、受験生は暗いものだし、恋はバラ色なのだ。

だが、同じ表現をするということは、いつも同じ角度からものを見ていることに他ならない。

すると、いつも同じ部分が死角となって、目に入ってこないのだ。

コインは真横から見れば四角形だし、受験生ほど生き生きと人生を送っている人はいないし、本当の恋は地獄なのかもしれないではないか。

そこで、あるとき、いつも見ているものや情景を、言葉を変えて表現してみる。

これがレトリックである。すると、同じものでも、見る角度を変えることによって、いままで目に入らなかったものが見えてくる。

まさにレトリックは創造・発見の方法である。

そして、表現を変えるということは、いままでと視点を変えるということで、そのためには強靭《きょうじん》な想像力を必要とする。

男は女の、大人は子供の視点でものを見る。すると、いままで見えなかったものが見えてくる。レトリックは想像力の営みでもあるのだ。

「ニュートン」もレトリックを駆使していた

ここで、ニュートンのリンゴの例を挙げよう。非常に有名な話なので、私もいままでの著書に取り上げたことがあるので恐縮だが、レトリック感覚を理解するのに最適なので、今回も利用させてもらう。

なぜ、ニュートンは「万有引力の法則」という普遍の真理を発見でき、他の人はそれを発見できなかったのか?

リンゴが木から地面に落ちることは、体験的に誰でも知っている。何もニュートンの大発見というわけではない。

しかし、ニュートンは**同じ現象に対し、「表現」を変えてみた**。

リンゴと地面は引っ張り合う。これがレトリックである。

この瞬間、ニュートンには、いままで見えなかったものが見えたのだ。

次に、ニュートンは鉛筆を机の上に落としてみる。鉛筆と机は引っ張り合う。

ちょっと待てよ。

地上のすべてのものが引っ張り合っているのではないか。実際、ニュートンは地上にある、考えられる限りのものを落としてみたに違いない。

そこで、「具体」から「一般」へと飛躍する。これを帰納法（後述する）というのだが、その結果、すべてのものとものは引っ張り合っているという、万有引力の法則が見出せる。

すべてのものとものが、引っ張り合っている。

もちろん、私たちはこの世のすべてを試してみることはできないから、これはあくまでも仮説である。

だが、その結果、自分の目で見ることが不可能なものまで、私たちは考えることができるようになる。

すべてのものとものとが引っ張り合うのなら、当然、地球と月も引っ張り合うのではないか。

太陽と地球も、引っ張り合うのではないか。

なぜなら、これらはすべて同じ論理の繰り返しなのだから。個々の現象を「すべて」という言葉で言い換えたなら、万有引力の法則ができあがる。反対に、「すべて」を「リンゴと地面」や「月と地球」に当てはめたなら、さまざまな現象を説明することができる。

これが論理の世界なのだ。

ニュートンがこの法則を発見したのは、最初にリンゴが地面に落ちることを、**レトリックを使って言い換えた**ことによる。

レトリックが世紀の発見を可能にした。

では、なぜ他の人はこの法則を発見できなかったのか?

私たちは目でものを見ているために、物事の現象面にとらわれるからである。現象面だけ見ると、リンゴが落ちることと潮の満ち引きは、一見、何の関係もない。

だが、ニュートンは現象面にとらわれることなく、論理でそれを見て取ったのだ。

現代文の入試問題を解く際にも、同じことが当てはまる。言葉の数だけ意味があり、多くの情報が込められている。それを自分の頭ですべて理解しようとしたり、表面的に述べられている内容にばかりとらわれるから読み取るのが難しいのであって、論理に着目すれば、すべて同じことの繰り返しだとわかるはずである。

受験生は「ニュートンの目」を持つべきなのだ。

レトリックを学ぶ、ひと味違った「映画鑑賞法」

映画の『ロスト・ワールド』を見たとき、久々に怖い思いをした。『ロスト・ワールド』は、恐竜をさも本当に生きているかのように、コンピュータを駆使して、見事に描いた映画である。

恐竜が突然人間に襲いかかる。大きな体の割には非常に敏捷《びんしょう》で、まさに動物的な動きをする。

私が怖いと思ったのは、映画のアクションやスリルによってではなく、自分が食われる立場が実感できたからである。

私は映画を見ながら、人間以外の動物たちは、絶えずこういった恐怖感の中で生きていたんだなと、改めて思った。猫が初めての場所だと執拗《しつよう》に臭いをかぎまわり、絶対安全だと確信を持たない限り、落ち着かないことを思い出した。

私は無意識のうちにレトリック感覚を使っていたのかもしれない。

つまり、知らず知らずのうちに、動物の視点で映画を見ていたわけである。すると、いままで見ていた同じ光景が、まったく違ったものに見えてくるから不思議だ。

次に、私はアメリカ版の『ゴジラ』を見た。そのゴジラは巨大なハ虫類で、日本版のゴジラとはまったく別物だった。

ついに、映画もレトリックをその手法として取り入れたのだ。

昔の日本映画のゴジラは、ゴジラと人間をそれぞれ別々に撮影し、人間を小さくなるように合成してつくったのではないか。私たちは遠景から、ゴジラと人間を並べてみることによって、ゴジラの大きさを知ったのだ。

だが、アメリカ版のゴジラは違った。コンピューターが人間の視点でゴジラを見ることを可能にした。

人間の視点から見ると、逃げても逃げても、ゴジラのほんの一歩で踏みつぶされてしまう。このリアルさ、その怖さといったらない。

ゴジラが足を一歩踏み出すたびに、風圧で人間は吹っ飛び、ビルはガシャンと潰《つぶ》れる。

いままでと同じ光景でも、人間の視点から映像をつくりだすと、こうまで違った画が撮れるのかと驚いた。

最近の映画で成功したものには、こういったレトリック感覚を取り入れたものが多い。

最後に『トイ・ストーリー』。これはおもちゃの視点で、すべてを描いている。

私たちはいつも自分の視点でおもちゃを見ている。必要なときにはかわいがるけど、いらなくなったら、すぐにゴミ箱に捨てる。

だが、それをおもちゃの視点から見たら、どう見えるのか？

『トイ・ストーリー』は、コンピュータを駆使することによって、それを可能にした。

大人が「おもちゃを大切にしなさい」といくらいっても、子供は耳を貸さないだろう。だが、この映画によって、子供は初めておもちゃの視点でものを見る。

その結果、捨てられる彼らの悲しみが自分のことのように感じられる。そして、今度はもう一度自分の視点に返り、彼はきっと、これからはおもちゃを大切にしようと思うだろう。

これがレトリックである。

レトリックは決して特殊で難解なものではなく、日常的なものなのである。

あえて「いいたいこと」の逆手を取る

昭和21年、坂口安吾が『堕落論』を発表した。

戦争が終結したのが昭和20年。その翌年、この文章は当時の知識人たちの度肝を抜いたし、また彼らに生きる勇気を与えたのだ。

義士も聖女も堕落する。それを防ぐことはできないし、防ぐことによって人を救うことはできない。人間は生き、人間は堕ちる。そのこと以外の中に人間を救う便利な近道はない。

戦争に負けたから堕ちるのではないのだ。人間だから堕ちるのであり、生きているから堕ちるだけだ。

（『堕落論』）

安吾はこう叫ぶ。

堕ちよ、堕落せよ。

こういうと、けしからんと青筋を立てる生《き》まじめな輩《やから》がいることだろうが、これはあくまでレトリックである。

安吾は見たのだ。

たとえば、戦争後、60歳を過ぎてもなお、生に恋々として法廷に引かれていく戦争指導者たち。それは、人間というものの縮図でもあった。

なぜ、彼らがここにいるのか?

安吾は愕然《がくぜん》とした思いで、それらの光景を見たであろう。

終戦直後、南方では、兵士たちの死の行進が続いていた。日射病や飢餓に苦しみ、敵軍の来襲に怯《おび》えつつも、祖国を夢見ながら次々と死んでいった。

北方では逃げ遅れた人々が、シベリアの強制収容所へ連行され、酷寒と飢餓の中で震えながら死んでいく。

なのに、なぜ責任者たる戦争指導者たちは、安全な東京にいたのだろう?

捕虜になるなら、自決せよと、彼らはいった。

特攻隊は自らの命を投げ出し、沖縄では少女までが身を投げ、自決したではないか。

なのに、なぜ、彼らは自決もせず、助かりたい一心で、法廷に引かれていったのか。

安吾は見たのだ。

そして、それが人間の真実の姿だと悟った。

何も、安吾は本気で人間の堕落を肯定したのではない。すべてはレトリックである。安吾は戦後の堕落と、戦時中のそれを対比する。

私は偉大な破壊が好きであった。私は爆弾や焼夷弾《しょういだん》に戦《おのの》きながら、狂暴な破壊に劇《はげ》しく亢奮《こうふん》していたが、それにも拘らず、このときほど人間を愛しなつかしんでいた時はないような思いがする。

（『堕落論』）

さらに、安吾はいう。

私は戦《おのの》きながら、然し、惚れ惚れとその美しさに見とれていたのだ。私は考える必要がなかった。そこには美しいものがあるばかりで、人間がなかったからだ。実際、泥棒すらもいなかった。近頃の東京は暗いというが、戦争中は真の闇で、（略）嘘のような理想郷で、ただ虚《むな》しい美しさが咲きあふれていた。

（『堕落論』）

誰もが戦時中は大変だったろうと思っている。空襲はさぞ恐ろしかっただろうと考えている。

安吾はそういった通念を知っているからこそ、あえて同じ光景を「惚れ惚れとする美しさ」といったのだ。そうやって、読者の心を惹きつける。

これがレトリックなのだ。

実際、あのころは、誰もがお国のために戦い、自分たちはいつだって正義で、アメリカが鬼畜なのだから、何も考える必要がなかった。

夜は誰もが電気を消し、空襲に備えた。そんなとき、泥棒など一人もいなかったのだ。

みんないい人で、今日は誰がお国のために命を捨てたとか、世の中には美談が満ちあふれていた。

誰もが美しかった。

ところが、安吾はそんな状況を「泡沫《ほうまつ》のような虚しい幻影にすぎない」と切り捨てる。

なぜか？　人間は生きている限り堕落するものであり、それが真実の姿に他ならないからだ。

当時は日本中が虚しい幻想に酔いしれ、大きな過ちを犯してしまった。だからこそ、安吾は１回堕《お》ちきるところまで堕ちきり、自己の真実をつかみ取り、そこから戦後を出発させようとしたのだ。

同じ時代を生きながら、安吾は同じ光景をまったく違った角度から見つめた。それを可能にしたのがレトリック感覚である。

太宰治は「子より親が大事」といった。戦後、誰もが子供を大切だと思っている、その通念を逆手に取ったのである。

レトリック感覚に富んだ人が、文学者たりうるのだ。

頭が良くなる近道は、「演繹法」と「帰納法」、そして「弁証法」にある

「常識を疑うこと」から始める

私たちはいつも同じ角度からものを見、同じ表現をする。

そして、いつも同じものを見、同じものが見えていない。

成功する人は、新しいものを見る人ではない。

同じものを違った角度から見る人なのである。

「私の体験」を例にして説明しようか。

私が予備校講師になったころ、現代文は「センス・感覚で解く」というのが、ほぼ

常識になっていた。現代文などは、本さえ読んでいれば、とくに勉強する必要がない、あるいは、センスがない人は、いくら勉強をしても見込みがないから、さっさと見切りをつけて、その時間を他の教科に当てるほうが賢明である、とされていた。

そういったことは、いまでも一部では当然のことであるかのようにささやかれている。

実際、文系なら英語、理系なら数学の問題集を1冊も買わない受験生はめったにいないが、現代文の問題集は買わない人のほうが多いのである。

私もそうした常識の中で、受験勉強をした。当然、現代文の成績は振るわなかった。

現代文の講師として初めて教壇に立ったとき、私はふと考えた。

本当に現代文はセンス・感覚次第なのだろうか？

誰もがそう思い込み、疑うことがなかった。私はそういった常識を疑ってみた。

大学入試で出題される現代文は、大半が評論文である。評論とは、論理を駆使して、筆者が自分の主張を展開したもの。ならば、現代文は感覚どころか、論理ではないか。

では、大学はなぜこういった試験科目を課すのか？

大学は論文を読み、書いて卒業するところだからである。

現代文が論理の教科だったら、それは科目を超えるのではないか。英語も数学も、その根底では論理力を要求している。

ならば、現代文はすべての教科の土台ではないか。

では、小説はどうか？　小説こそ、センス・感覚ではないか？

私は考える。

果たして、一般に小説を読む行為と、入試の小説問題を読む行為とは、同じ次元のものなのか？

小説は1ページ目から読む。そうして、次第に主人公のイメージが読者の中につくり上げられていく。その人物がどういった性格で、いまどういった状況に置かれているのか、など。

だから、次の場面が比較的客観的に把握できる。

だが、入試問題として出題されるのは長い小説の一場面であって、受験生は登場人物の性格についても、いま置かれている状況についても、何一つ情報を与えられないまま、次の場面を正確に把握しなければならない。

その際の「読む」という行為は、当然、一般の読書とは別次元のものとなるはずである。

文章中から、あらゆる根拠を探し出して、その状況を把握し、登場人物の心情を客観的に分析することが求められているわけで、それは**論理という行為に属するもの**なのだ。

このように、私は誰もが常識と思い込んでいることを疑うことから出発した。

そうやって、自分の頭で一つひとつ考え、それを検証し、裏づけ、さらに一見バラバラに見える事柄を一つひとつ関係づけ、組み上げていった。

現代文の参考書・問題集は売れないというのが、出版社や書店の常識だった。

だが、いまや、私の参考書・問題集の売り上げは累計３００万部をはるかに超え、４００万部に迫ろうとしている。

既成の事実を疑ってみることだ。誰もが見ている同じ光景を、もう一度違った角度から見ることだ。男は女の視点で、大人は子供の視点で。それは無意識のうちに行われなければならない。

そのためには、日常からレトリック感覚を鍛えておくことが必要である。

では、どうすれば新しい発見ができるのか、それをどうすれば形にすることができるのか、論理という観点から具体的に説明してみよう。

「演繹的思考」の鍛え方

演繹法とは、「普遍から具体を求める思考法」のことをいう。

決して、難しいものではない。

たとえば、数学ではまず公式を理解し、それを記憶する。公式はいつでも正しいのであって、それはいわゆる普遍的なものである。

そこに具体的な数値を放り込み、答えを出すわけだから、まさに普遍から具体を導いたのである。

万有引力の法則は普遍的である。物理学はこの法則をもとに、個々の具体的な現象を説明する。だから、これまた演繹法である。

受験に要求される思考法は、ほとんどがこの演繹法だと思っていい。あとから述べる帰納法を実践するには、ある種の才能が必要かもしれないけれど、演繹法は訓練すれば誰でもできるはずである。

そういった意味では、**受験は頭の善し悪しではない**。子供のときから、いち早くこういった受験の本質を見抜き、正しい勉強法でどれだけ訓練を積んだか、なのである(このあたりが理解できていない受験生・父兄が圧倒的に多いのだが)。

言葉は悪いが、受験に成功するコツは、ある種の要領である(この要領は、世間でいわれるようなテクニックや受験技術ではない)。

演繹法は日常でもよく使われる。

裁判は演繹法といえるだろう。裁判官は法律に照らし合わせて、具体的な犯罪について判決を下すのであって、裁判官といえども法律を変えるわけにはいかない。

やはり、普遍から、具体を導いている。

帰納法は演繹法と逆で、「具体から普遍を導く思考法」のことである。

リンゴが木から地面に落ちる現象や潮の満ち引きから万有引力を導くのが、帰納法である。

日常では、裁判に対し法律を制定する国会が帰納法の場といえるだろうか。

帰納法はある意味では発見・発明の方法といえるだろう。

具体から普遍を導くその瞬間、私たちは一度、大胆に飛躍する必要がある。

リンゴが地面に落ち、鉛筆が机に落ち、人が道路に尻餅をつこうが、すべてのものとものが引っ張り合っているとは、いえないのである。

私たちは、この世のあらゆるものを検証することはできない。ある程度確かめたあと、それが正しいならば、すべてが正しいだろうと断じるのである。

なぜ、断じることができるのかというと、そこには論理力が働いているからである。

その際の一瞬の飛躍が帰納法には必要だ。

そういった才能を、訓練によって鍛えた人が、新しい発見をする。こういった才能は生まれつきの要素もあるが、それ以上に後天的なものだと、私は考える。いかに、日常から論理的な思考をしているかである。

受験勉強では、こうした帰納法は必要としない。演繹的思考さえできれば十分である。

もし、学者や研究者になるなら、帰納法が大切になってくる。そのレベルをめざそうと思うなら、それまではせいぜい演繹的思考を鍛えておくべきである。

なぜ、「賢い主婦は買い物上手」なのか？

日常生活でも、私たちは無意識のうちに演繹法と帰納法を使っている。

たとえば、「主婦の買い物」を例にとってみよう。

毎日毎日の買い物は具体的な行為で、どの買い物をとっても、買う商品、そのときの値段、季節や時間帯、主婦の気分など、すべてが同じということはあり得ない。

ところが、主婦はそういった行為の繰り返しの中で、次第にある種の法則をつくり上げている。

「こちらのスーパーが安い」とか、「この野菜はいつが旬だ」とか、この時間帯はレジが込んでいるとか、無意識のうちにも自分の体験を抽象化し、法則化しているのだ。

これは立派な帰納法である。

そして、次の買い物は、その法則に照らし合わせて決定することになる。

「この時期はこの野菜が旬で、安くておいしい」とか、「生鮮食料品はこの店がいい」とか、「この時間帯がすいている」とか、自分の中にある法則に照らし合わせて、次の買い物を決定するのだ。

これは立派な演繹法である。

このように、日常の中でも、私たちは論理を使うし、また、**論理的な主婦ほど、うまく日常生活を工夫している**のである。

出口式「現代文読解の法則」は、演繹法から生まれた

当初、私は何もわからずに予備校の教壇に立った。

奨学金を得て大学院に進学し、高校の非常勤講師を務めていたころ、先輩からアルバイトとして予備校講師の口を紹介されたのだ。

私は文学部の日本文学科に所属していた。専攻は近代文学だったため、予備校で教える科目は最初から現代文と決められていた。

ところが、私自身、受験時代は理系で、現代文など勉強をしたこともなかった。予備校からは1冊のテキストを渡されただけで、高校のように学習指導書もなかった。テキストは、過去の入試問題が並んでいるだけだった。答えとして渡されたプリントは、どうも旺文社の『大学入試問題正解』をコピーしただけのものである。ちなみに、他の出版社の解答と見比べてみたが、一致しないものがかなりあった。

私はこうした解答が絶対的でないことを知って、愕然となった。

私は途方に暮れた。

英語なら重要な構文やイディオムを指摘し訳していけば、最低限の講義は成り立つ。数学でも、問題さえ解いていけば、それなりに時間が持つ。

だが、現代文だけは何をどう教えていいのか、皆目見当がつかなかった。答えを説明するだけなら30分もいらない。私は90分もの時間をどう使えばいいのかわからなかった。

生徒のほうも、現代文の講義には何も期待していないようだった。カリキュラムに組み込まれているから、とりあえず受講しておこう、何もしないよりはマシといったところだろう。

私は与えられた文章に関して、思いつくままに自分の知っていること、考えたことを話した。幸い、講義は評判を呼んだ。どの現代文の講義も、私と似たり寄ったりだったからだ。それならば、多少とも若くて、話術が巧みな私に人気が出た。それだけのことだった。

だが、私は不安で仕方がなかった。いくら完璧にその文章を説明したところで、それがいったい何になるのだろう。同じ文章、同じ問題が入試で出題されることはまずない。

また、私は大学院でそれなりに文学について学んでいるが、その知識を披露したところで、所詮、受験生である彼らがそれを使って未知の問題を解くことなど不可能である。

私は講義をするたびに、まるで詐欺を働いているような嫌な気分に襲われた。

そのとき、私の頭脳が「帰納的に」働き始めたのだ。それは無意識のことだった。あとから振り返って、初めて気がついた。

入試問題は、どれ一つとして同じものはない。すべてが個々に具体的なものである。私はそれらを解き、解説をするうちに、次第にそれらを抽象化し、ある種の法則をつくり上げていったのだ。

現代文とは何か？　文脈とは？　たとえば、穴埋め問題は受験生のどんな能力を試していて、どういう手順で解けばいいのか？

そうやってつくり上げた法則は、あくまで仮説である。そこで、次に演繹法を使ってみた。

すべての問題を、その法則に当てはめて解いてみたのだ。大体はうまくいったが、ときにはその法則に当てはまらないものがある。なぜか？　私の考えた法則に無理があるのではないか？

そうやって、法則を絶えず検討し、改良し、より完全なものへと変えていった。もちろん、これが可能だったのは、現代文という科目自体がセンスや感覚ではなく、**論理の教科だったから**だ。こうして、やがて、悪問でない限りどんな問題でも、面白いように答えが出るようになった。

それにはほぼ10年かかった。その間、演繹法で問題を解くことにより、自分の法則の正しさも絶えず検証していったのだ。

そこで、最初の受験参考書を執筆した。全国的に爆発的な売れ行きを示し、やがて、旺文社のラジオ講座のレギュラー出演が決定した。

いま思えば、「帰納法」と「演繹法」が、私を成功に導いてくれたのだと思う。

「視点」「価値観」を、自由自在に変えるテクニック

「弁証法」というと、なにか非常に難しいイメージを人に与えてしまう。さまざまな弁証法哲学があり、そういったイメージが頭にあるのだろうが、弁証法という考え方

自体は難しいものではない。

たとえば、対立命題があるとする。西洋と東洋、右派と左派、男と女、何でもいい。これらはそれぞれ一長一短である。そのどちらかを選ぶのが二者択一、両者を併せるのが折衷。だが、正反対のものを併せたところで、プラス・マイナス・ゼロ。無難だが、両者の特色も失われがちである。それぞれが欠点を補い合い、長所を生かし合うことはできないのか。この発想がすでに弁証法なのである。

それには、両者を高い地点に押し上げることが必要である。そこで、弁証法のことをアウフヘーベン（止揚）と呼ぶこともある。


弁証法＝対立命題を高い地点に押し上げて、統一を図ること

たとえば、お互いに意見が対立し、どちらも譲らなかったとする。それぞれが自分の視点、価値観でものをとらえている限り、どちらも自分が正しく、相手に非があるのである。

視点を変えない限り、対立が解消されることはない。

そんなときは、いったん自分の視点や価値観を捨て、相手の視点で同じテーマを考えてみる。レトリック感覚を使うのである。

すると、いままで見えなかったことが見えてきて、自分の考えだけが唯一の真実だとは思えなくなる。だが、やはり自分の視点に立ち返ると、自分の判断が誤りだとは思えない。

そんなとき、思いきって一歩踏み込んでみる。自分の考えは譲れない。相手の立場に立って考えれば、それも理解できる。ならば、両者をより高い地点で合一できないか。

こういった発想が弁証法なのだ。

会議の席でも、しばしば意見が対立することがあるだろう。そんなときに、弁証法を思い出してほしい。

あるいは、夫婦げんかをしたときでも、いったんは相手の立場でとらえ直し、自分の考えと高い地点で合一する。けんかになるのは、互いに自分の立場や価値観に固執するからである。

そういった意味では、頑固になるのはよくない。頭はもっと柔軟に、絶えず自由に視点を変えられるように、普段から鍛えておくことだ。

成功する人は、**日常においても柔軟な思考ができる**人だ。そうなるためには論理を絶えず使ってみることである。

第４章まとめ

- レトリックとは、筆者の「主張を言い換えたもの」
- レトリックとは「発想の逆転」のこと
- 物語に「感情移入する」ことも、レトリックの一つ
- レトリックが、文章を「印象的にする」
- 「常識を疑う」レトリック的発想が、成功への第一歩
- 論理力は「日常的に鍛えられる」
- 賢い主婦とは「論理的な主婦」である
- 論理力をもとに、「仮説と実証を重ねる」ことで新しいものが生まれる
- 「視点を変える」ことで、道が開ける

第5章

「想像力」と「創造力」で賢い頭をつくる

オリジナリティーは「真似ること」から生まれる

「いい文章を真似る」効用

どうすれば、考えることができるのか？

人は何もないところで、宙をにらんで考えるわけではない。考えるとは、文章を読んで、理解することなのだ。

そのとき、人は考える。多くの哲学者だって、先人の哲学を理解したとき、それについて考えた。

深く読むことだ。それなくして、ものを考えることなど誰もできない。

多くの文章を読んでも、何も考えることのできない人は、まだその文章を消化していないのだ。何度もその文章を思い出してほしい。やがて、それが消化され、止めようとしても、次から次へと新しいことが思い浮かぶようになるだろう。

いい文章を理解せよ。

こういうと、「先生、それって、他人の意見の模倣ではないのですか？」という反論が返ってくることがある。

真の独創は、模倣から生まれてくる。

人の一生は短い。学問の世界では、一人の人間が発見できることなど知れている。

学問の世界の話をしよう。

たとえば、Aという人が大変なことを考えつき、それを論文という形で書き残したとする。

次に、Bという人が同じことを一から考えたら、Aが辿《たど》り着いたところまでいくので精一杯ではないか。そうなれば、学問に進歩などあり得ない。

BはAの考えたことを理解し、その過程において、Aの正しさを検証しているのだ。

そして、Ａの考えたことを理解したとき、Ｂは次の一歩先を考えつくのである。この新たな一歩は、学問の進歩に寄与する。だから、真の独創たりうるのだ。

次に、ＣはＢの考えたことを理解する。その過程で、ＡとＢの考えを検証しているのだ。その結果、次の一歩を考えつく。

こうして、物事は少しずつ進歩する。そして、Ａの考えたことも、Ｂの考えたことも、何度も何度も確かめられ、やがて定説となっていく。

だから、真の独創は、先人の考えの模倣から始まるのである。

あなたは学術論文というものを見たことがあるだろうか。

論文には、必ず最後に（註）がついている。あの（註）の意味がわかるだろうか？

論文を書くには、それが真に独創的なものでなければならない。

先人がすでに発表したことと同じ内容のものを、断りもなしに引用すれば、それは盗作になる。

かといって、論文は、単独で浮遊しているものでもない。

したがって先行する研究の流れの中で、自分の研究がどういった位置づけなのかを、自覚――明記する必要がある。そこで、先人の論文を引用することになる。その際、（註）が必要なのだ。その論文について、誰が、いつ、どこで発表したのかを明示しなければ、それは盗作になるからである。

私は卒業論文で、森鷗外の『舞姫』を取り上げた。

論文とは、ただ自分の個人的な感想を書けばいいわけではない。過去において、どのような論じ方がされてきたのか。それを調べて、整理する必要がある。

たとえば、『舞姫』研究にはこれまでこのような視点があるとし、その一方ではこういった視点もある、と書くのが論文なのである。

そして、私が論じるのは、過去のこのような立場に立ってである、と明示する。その際に、（註）が必要となる。過去に、誰が、どこで、そういった研究を発表したのかを示さなければならないのだ。

そのうえで、私の研究はどこまでが過去のそれと同じで、どこからが自分の独創的な意見なのかを明らかにする。

だから、論文には（註）が必要なのである。

このことからも、独創的な意見を持つには、過去の研究成果を知らなければならないことがわかってもらえたと思う。

理解することから、創造力が発揮されるのだ。

「スキー上達法」に学ぶ、「考える力」の養い方

スキーが初めての人を、いきなり急斜面に連れて行くのはやめたほうがいい。

滑りなれた人にはなんでもない斜面でも、初心者にとっては断崖絶壁に思えてすっかり怖《お》じ気《け》づき、腰が引けてしまう。

いくら大声で「体重を前に」といったところで、すでに重心が後ろにあるのだから、体が動くわけがない。

スキー板はどんどん前に滑り、尻餅をつくのは時間の問題である。

スキーは、自転車やスケートのような他のスポーツとは根本的に異なっている。自転車やスケートは自分の足でこがなければ動かないが、スキーは山の斜面で板を履けば、誰でも滑っていくのである。

本来は誰でも滑れるはずなのに、初心者はなぜうまくいかないのか。

スキー板は斜面を下へと自然に滑っていく。人間が重心を板の上で保つためには、体重を前にかけなければならない。ということは、落ちていくほうに体重をかけることになり、これは人間の本能に逆らう行為なのである。

人間は怖いと思えば後込《しりご》みをし、自然と重心が後ろに行く。板は前へ前へと滑っていく。

板を踏みしめようとしても、重心が後ろにあれば、それは不可能である。尻餅をついて、転ぶしかない。

考えてみれば、単純な原理である。

初心者は、まず怖くない緩やかな斜面で練習するべきである。スキー板は重心さえ板に乗っていれば、強く踏みしめることによって、止めたり、曲げたりできる。

まずは自由に止まり、曲がれるようにするべきである。ここで焦ってはいけない。止まり、曲がれるならば、恐怖心をそれほど感じなくなる。

ところが、緩斜面で滑れるようになっても、いつまでも急斜面で滑ろうとしない人がいる。

緩やかな斜面で、どれほど完璧に滑ることができても、それではスキーは上達しない。次は思いきって急斜面に移るべきなのだ。

緩斜面では体重を前にかけることができても、急斜面だとそうはいかない。

自分では板を強く踏みしめているつもりでも、まだまだ足りないのだ。

「板を踏んで」と、インストラクターが叫ぶ。

「踏んでいるのに」と、初心者が叫び返す。

そういった光景を、スキー場ではよく見かける。

初心者が滑るとき、急斜面はまさに崖に見えるのだ。怖くて思わず腰が引け、重心が後ろにいってしまう。

スキー板はスピードを上げて下へと滑る。重心が後ろにあるものだから、自分では板を踏んでいるつもりでも、板に体重がかかっていない。板はますますスピードを上げる。あとは転ぶしかない。

スキー板というものは、その上に重心があれば、自在にコントロールでき、逆にスピードは殺せるのだ。そのためには、滑り落ちるほうに体重を乗せなければならない。

緩斜面であろうと、急斜面であろうと、滑り方は同じなのである。

急斜面で練習することによって、初めて緩斜面で練習したことが身につく。いくら緩斜面でばかり練習したところで、そのことはわからない。

永遠に緩斜面でしか滑ることができなくなる。

これは何もスキーに限ったことではない。まさに、勉強の仕方の話でもあるのだ。

最初は簡単な問題を確実に理解する。その問題が解けることが大切なのではなく、**簡単な問題を通して、物事の原理を知ることが大切**なのだ。

そして、そこで身につけた解き方で、今度は難しい問題に挑戦する。そのことによって、初めて基礎が基礎である意味を知ることができる。

「正解」を導くために必要な、これだけの能力

ものを理解するということは、100のうちの100を覚えるということではない。一つの物事はさまざまな要素から成り立っている。まさに有機的な成り立ちをしている。

たとえば、評論を理解するためには、評論用語、論文の文体に対する読解力、語彙《ごい》力、さらに論理力、文法力などが必要である。

それに加え、設問の解法、記述力、マークセンスの選び方など、さまざまな要素が絡み合って、初めて入試問題に解答できるのである。

「有機的」という言葉を知っているだろうか？

有機栽培とか、有機肥料とか、最近はよく使われる言葉である。無機的と対立する概念である。

有機とはさまざまな要素から全体が成り立ち、しかもそれが全体として調和してい

る状態をさす。生命体はすべて有機体である。

人間の体は有機体である。脳から始まって、内臓、血管から手足に至るまで、さまざまな要素から成り立ち、それが全体として調和している。

だから、たとえば脳細胞の一部がガンに侵されても、全体の調和を失って、その人全体の生命が維持できなくなる。

それに対して、石は無機物である。石は半分に切っても石だし、細かく砕けば小さな石になるにすぎない。

自然環境も有機的である。人間だけでなく、そこには動物、植物、微生物、水、空気、土など、さまざまな構成要素があり、それらがうまく調和を保っているのだ。

有機的な思考ができることが、「考える力」には不可欠なのである。

「人と同じ考え方」では生き残れない

なぜ、「一人勝ち」の時代が生まれたのか？

現代は情報社会だという。

世界の片隅で生じた情報が、衛星放送やインターネットなどで、瞬時に世界中に流れる。ＩＴ革命などとマスコミは騒ぎ、私たちをとりまく情報量は加速度的に増えるばかりである。

こういった情報爆発時代に、私たちがどう立ち向かっていくかが、私たち一人ひとりに課された課題であろう。

とくに、「考える人」にとっては無視できない。

情報時代がもたらしたものは、一人勝ちである。

たとえば、新刊書が本屋の店頭に物凄《ものすご》い数、毎月並べられるのだが、その中でベストセラーになるものはほんの一部であって、後のほとんどの本は、ひと月も経たないうちに店頭から姿を消していく。大ベストセラーが出ているにもかかわらず、本全体の売り上げは、毎年確実に落ちているのだ。

音楽業界も似たような状況にある。ひと昔前は小室哲哉プロデュースのものばかりが売れ、いまではAKB48やジャニーズ事務所のタレントと韓流のアイドルたち、その一方、全体としては不況だという。

まさに、現代は一人勝ちの時代である。

なぜか?

現代が、大量生産・大量消費の時代だからである。書店に行っても、雑誌から文庫本まで大量の商品があふれかえり、私たちは**一つひとつの商品を吟味できない。そこ**

で、情報に頼らざるを得ない。

いまや、私たちは自分の判断力を信用しなくなっている。だから、いま流行《はや》っているもの、誰もが読んでいるもの、聴いているものに飛びつく。その結果、特定の商品のみが異常な売れ行きを示し、他は軒並み売れなくなっていく。

現に私が身を置く受験業界でも、そういった現象は間違いなく起こっている。毎年大量の受験参考書や問題集が出版されるが、その大半は書店に並べられてもほとんどが売れ残り、せいぜい1カ月で返品されていく。そして、各教科とも数冊だけが圧倒的な売れ行きを示すのだ。

もちろん、こんな現象は望ましいものではない。だが、これからは「一人勝ち」の現象はさらに加速度的に増えていくだろう。

予備校講師を例に挙げて説明しよう。

メディアが未発達のころなら、人間が教えられる生徒数には限りがあるので、全国で数万人以上の優秀な予備校講師が必要だった。

その中でも、とくに人気のある講師は、一教室に数百人の受験生を詰め込んで講義することによって、ちょっとしたタレント並みの収入を得ることができた。

そこに、衛星放送やCS放送などが入り込んできた。人気講師の講義が電波で全国に流されることになる。

確実に、講師のあり方が変わりつつある。

これからは、デジタル放送やインターネット、コンピュータソフトに出版を絡めて、一つの講義があらゆるメディアによって全国に流される。

その結果、各教科・各分野で、予備校講師は一人しかいらなくなる。まさに「一人勝ち」の時代である。その一人は全国区のタレント以上の存在になるし、他の講師は少人数を相手に、地道に活動せざるを得なくなる。当然、収入には大きな開きが出るだろう。

そして、受験産業にも、さまざまな異業種が参入するだろう。人気講師が一人いれば成立する世界だから、何も予備校業界である必要がないのである。要するに、ハード部門なら、ソニーでもトヨタでも何の問題もないのである。

そして、「たった一人」のソフトを獲得したところが、勝利を収める。

「その他大勢」が敗者になる

受験生が激減し、やがて数字上、大学の定員と受験者数が一致する。つまり、数字上、浪人生がゼロになるのだ。

その結果、大都市に数千人を収容する校舎を造り、全国から浪人生を集めるというやり方は通用しなくなる。予備校にとって、いま、こういった状況が確実に近づいていることはすでにわかっている。

これからは浪人生を当てにせずに、予備校を経営しなければならない。それには、少なくなった受験生から、授業料を何年取れるかなのである。

浪人生中心のシステムを、中学生から高校3年生まで面倒を見るシステムに変換する、といったことが必要になる。ところが、現役生はおおむね自宅と学校の通学範囲内でしか移動しない。わざわざ遠方から予備校に通うことはない。そこに、受験産業以外の業種が入り込む余地がある。メディアが入り込み、家庭に直接、電波を送り込むのである。

受験産業は、これから驚くべき変貌を遂げるだろう。

たまたま私の身近な例を挙げて説明したが、いま受験産業に起こりつつある現象は、あらゆる場面で起こってくる。

これからはますます「一人勝ちの時代」になるといった。

誰もが同じ価値観を持ち、同じ流行を追い、同じ商品を買い求める。あなたが、その「誰も」であったら、人生における勝算はない。

これからの日本には、アメリカ以上に自由な競争社会が到来する。残酷な言い方をすれば、一億総中流は崩れ、貧富の差が拡大するのである。

いや、「日本」という枠も消滅するだろう。情報社会では、世界のどこかで流行った商品があっという間に世界中に広がっていく。

一人の勝者と、大多数の敗者。もちろん誇張した言い方だが、そういった図式が確実にできあがる。

そして、誰もが同じ価値観で、**同じ考え方しかできないなら、おのずと大多数が敗者になる。**

逆に、これからはソフトの時代だから、個人が優秀なソフトたり得たら、それはメディアを通して世界中に広がっていくのだ。個人の能力次第で、いままでの時代よりもはるかに成功しやすい状況になりつつある。

誰でも「一人の勝者」になる可能性があるのだ。

これからは個の時代である。個と個がぶつかり合い、その勝者がメディアを通して、時代を制覇する。

その中で、新しい時代に備えて、私たちは頭を武装しなければならない。

「映像」は論理と創造性を排除する

情報化時代は、映像化時代でもある。

大量の情報を処理するには、いかに早く情報を吸収するかが問題となる。

そのためには、活字よりも映像に頼らざるを得ない。

映像文化とは、映像を中心に置いた表現方法で、活字とは対極にある。

たとえば、漫画がその代表的なものだ。確かに漫画でもセリフがあるが、表現の中心はあくまでも絵であって、まったく絵のない活字ばかりの漫画はあり得ない。

漫画は映像文化である。

もちろん、テレビ、映画、アニメ、ゲームの類《たぐい》も、映像文化である。

映像文化は現代という時代にマッチしている。なぜなら、わかりやすく、頭に入れるのにかかる時間も短いからである。『源氏物語』五十四帖を原典で読むよりも、漫画で読むほうが早い。テレビのほうがさらに早いのではないか。

なぜか？

創造的なプロセスを、すべてカットしているからである。

たとえば、川端康成の『伊豆の踊子』を小説で読んだとしよう。私たちは無味乾燥な活字の羅列から、一人の踊り子像をつくり上げなければならない。

さまざまな場面での情景を頭の中につくり上げ、その中での踊り子の言動から、踊り子の性格や悲しみ、感受性に至るまで、イメージを確定していく作業が必要になる。

これは実に創造的な営みなのだ。

ところが、映画の『伊豆の踊子』は、すでに女優が決定している。その女優の表情、演技を、私たちは踊り子として受け取るしかないのである。さまざまな場面がすでにつくり上げられているからだ。

漫画でも、事情は同じである。

映像では、創造的な行為が割愛されている。既成のものを私たちは一方的に受け取り、それを好きか、嫌いか、面白いか、面白くないかと、感覚で判断するだけである。

それでも、人によって受け止め方はさまざまで、そこになにがしかの感受性が関与してくるが、やはり、活字から一人の踊り子をつくり上げるという行為が省略されていることに変わりはない。

あるテレビの売れっ子プロデューサーがインタビューに答えて、次のようにいったことがある。

「視聴率を稼ぐコツは何ですか？」

「脳髄を経過させずに、人を笑わせたり、悲しませたりすることだ」


頭のいい人だと思った。

テレビのメディアとしての特性を知り尽くしている。

なんとなくおかしい。なんとなく悲しい。わけもわからず面白い。これらはすべて感覚である。情報社会において、こうした手法のほうが脳髄を経過させないだけに、手っ取り早いのである。

簡単にいうと、その場ですぐわかっているような錯覚を与えられるのである。

これがテレビという映像文化の最大の武器であり、さらに現代が求めていることでもあるのだ。

だが、どんなにわかった気になっても、所詮は気分だけのことである。そんな気分は一晩たてば消え去り、何も残らない。

そこには、論理がないからである。

すでに述べてきたように、私たちがわかるということは、その筋道が理解できたということであり、**理解していないものは記憶には残らない**。

「使われない脳」は衰える一方

いま、高齢社会が到来する中で、老人性認知症が深刻になっている。

昔は人生50年で、脳が元気なうちに、先に肉体が死滅した。ところがいまは、脳の寿命は変わらないのに、医学の発達や食糧事情の改善で、肉体の寿命のほうは80、90歳まで延びた。

つまり、肉体がまだ元気なのに、脳の寿命が先に尽きるのが、現代の状況なのだ。

そして、いまの医学では、脳の寿命を延ばすことはできない。

脳は使わないと衰えていく。

脳は「歯車の回転」に似ている。

いったん動き始めると、油をさすだけで、回転はスムーズになっていく。だが、いったん回転が止まると、歯車はさびついて動かない。

脳を動かすには、創造的思考が必要である。

それには、活字がもっとも効果的である。

とくに、抽象度の高い文章が適している。

すでに、言語＝思考だと述べた。そして、文章を理解することは、それを考えることにつながる。私たちは絶えず文章に触れ、この現代をさまざまな角度から認識すべきなのだ。

さらに、私たちは活字によって抽象的思考をしたり、頭の中でさまざまな場面を創造したり、主人公のイメージをつくり上げたりする。そういった頭の使い方を、日常的にできるかどうかである。

現代は映像文化の時代で、私たちは既成のイメージを一方的に受け取るだけになっている。私たちは日常、能動的思考や、創造的思考を行うことがめったにない。

私たちはますます「無思考」になっていく。

とくに、若者たちのそうした姿を見ると、事態はより深刻だと感じる。

いまの若者たちは抽象的な言語を持たないことが多い。それは抽象的思考が欠けていることにつながっている。しかも、映像文化に慣れ親しんだ彼らは、すべてにおいて受動的、感覚的になっている。

テレビやゲームも、やはり私たちに受動的な能力を要求する。たとえば、ＲＰＧ（ロールプレイングゲーム）でも、自分が主人公になってさまざまな冒険をするように見えて、結局はコンピュータに組み込まれたプログラムをなぞるだけのことなのである。

「創造的な思考」をどう身につけるか？

最近、古典作品や歴史物を漫画化したものが増えている。

なかには、哲学や思想まで、漫画でわかりやすく解説したものがある。

漫画だと、膨大で難解な古典作品や歴史がひと目でわかる。思わず飛びつきたくなるだろうが、漫画本を読んで試験に合格した例など、一つも聞いたことがない。

もちろん、こういったものを否定しているわけではない。『源氏物語』などは、漫画を読むことによってイメージが湧き、その作品に興味を持てる。それ自体は十分に価値がある。だが、残念なことに**漫画では記憶できない**のだ。

なぜなら、そこに論理がないからである。

漫画は視覚的なイメージを読者に与える。私たちはわかった気にさせられるが、論理によって理解し、整理したわけではないから、結局は気分だけで終わり、何も頭に残らないのだ。

ましてや、試験問題に答えることはできない。

テレビやビデオで見るときも、事情は同じである。

こういったものは、関心を抱いたり、ある種のイメージを持つには非常に有効だが、それだけでは学習にはならない。くれぐれも、過剰な期待は抱かないことだ。

模倣の時代は終わりを告げた。

これからは創造的な力が問われる。

日本は激動の時代を迎えることになる。決してバラ色の未来ばかりが待っているわけではない。過酷な競争社会を勝ち抜くためにも、何よりも**創造的な思考を獲得すべき**なのだ。

さらに、私たちの寿命が延びている。これからも、さらに延びていくだろう。私たちはまさに、自分の頭を100歳まで維持できるように、自分で自分の頭を鍛え続けなければならない。

「想像力を豊かにする」方法

現代の大きな問題の一つが、想像力の欠如だろう。

たとえば、**レトリック感覚を身につけるのにも、想像力が不可欠**となる。

最近、いじめの問題がクローズアップされることが多いが、「いじめる側」が「いじめられる側」の心の痛みがわからなくなってきている。

昔から、暴力的な奴はいた。彼らは自分の暴力が相手にどれだけのダメージを与えるか、自分の言動が相手をどれだけ傷つけるかがわかっていた。だから、計算して相手を攻撃できたのだ。

いまは、自分の言動が相手をどれだけ深く傷つけているかもわからず、相手が自殺して初めて「そんなつもりはなかったのに」と驚く。

そこには、深刻な想像力の欠如がある。

「同情」という言葉がある。この言葉は、漢字の意味からすると、自分も相手と同じ感情を抱くということだろう。それには想像する力が必要である。

そして、相手と同じ感情が抱けるからこそ、そこに理解が生まれ、連帯感が生じる。

だが、表面的に同情されたところで、それは言葉だけのものであり、心の奥では相手を見下していることを私たちは自然に感じ取っている。だから、同情されることをあまり好まない。

そこにも、現代が抱える「想像力の欠如」という大きな問題が隠されている。

ところが、私たちがレトリック感覚を始め、論理的な思考を必要とするとき、この想像力が必要となってくるのだ。

なぜ、想像力が貧困になったのか？

子供のころの遊びを思い起こしてみよう。

私が子供のころは、いまのようにおもちゃなどふんだんに与えてもらえなかったし、ましてやテレビゲームなど存在しなかった。

隠れんぼや、鬼ごっこ、戦争ごっこなどが、おもな遊びだった。たとえば、隠れんぼである。

鬼になった者は目をつぶって、10数える。

目を開ければ、そこは別世界だ。あれほどのざわめきが一瞬にして消え、あたりを静寂が包み込む。

いくら探しても、誰一人いない。

孤独の感情。

孤独から逃れるために、私は冒険の旅に出なければならない。

そして、仲間を探しだしたとき、誰もが自分を見て逃げまどう。自分は周囲の人間から疎外された存在だと、打ちのめされてしまう。

こういった人生における象徴的な場面を、一種の演劇として、隠れんぼは疑似体験させてくれるのである。

その**遊びが面白いかどうかは、すべて想像力にかかっている**。

いまの子供たちは、大勢が集まって誰の家に遊びに行こうか相談する。要は、誰のゲームソフトで遊ぶかが問題なのである。

そして、それぞれが好きなソフトを持ち寄り、人が遊んでいる横で、じっと自分の順番がくるのを待つ。

人間がつくったプログラムをなぞるだけの遊び——そこでは豊穣な想像力が喚起されることはない。

私は子供のころ、よく用水路に紙の船を浮かべて競走した。

田圃《たんぼ》沿いの小さな用水路に、スタート地点とゴールを決める。それぞれがつくった紙の船をスタート地点に一斉に浮かべ、誰の船が真っ先にゴールに到着するのかを競うのである。

朝、期待に胸を膨らませて起きる。

その日の天候によって、作戦が違うからである。前夜、雨が降ったなら、水かさが増しているから、頑丈な船をつくらなければならない。だが、水の流れが緩やかなら、軽い船が有利だ。

次に、新聞を取りに行く。その日の広告紙で船をつくるのだ。今日は、どんな広告紙が新聞に挟み込まれているのか。

わくわくする瞬間である。

そして、レースの水路を決定する。距離はどうか、水の流れは、カーブや障害となる箇所はあるかどうか、それを自分の目で確かめに行くのも、楽しみの一つである。

あるとき、衝撃的な事件が起こった。

仲間の一人が、水を弾《はじ》くように、船底に蝋《ろう》を塗ったのである。それは一つの革命だった。

私たちはその船が勝つかどうか、胸をときめかせたものだ。

その次から、誰もが頭をひねって工夫した。天候によっては、帆をつける者、屋根をつける者もあったが、たいていはそのことによって船が重くなり、かえって遅くなることが多かった。

だが、そうやって想像の翼を広げること自体が遊びだった。

いまの子供たちは、贅沢《ぜいたく》な玩具に囲まれて、かえって遊び本来の楽しさを見失ってしまったのではないか。

それよりも深刻なのは、想像力まで削ぎ落としてしまったことではないだろうか？

現代は、あらゆるものをデジタル化する時代である。デジタル化とは、すべてを数字や記号に置き換えていくことで、そこには想像力の入り込む余地はない。

私たちはここでもまた、想像力を奪われているのだ。

人に優しくなれないのは、**他人の視点でものを考えるという想像力が欠けているる**からである。

いまの子供たちは、すぐに「キレる」という。事実、カッとなったために引き起こされた事件が、あとを絶たない。

「キレる」という言葉の中には、他者という視点がない。あるのは、自分の感情や思い込みだけである。

一つのものをさまざまな視点や角度からとらえることができるなら、「キレる」ということは起こりようがない。

いじめの問題もそのことと無関係ではあり得ない。他者としてお互いの違いを理解し、その上で互いの関係を構築しようとする意志と、それなりのスキルがあるならば、「いじめの問題」の大半は解決するはずである。

現代は「感覚の時代」だという。それは何も、私たちが昔よりも繊細な感受性を持ったからではなく、自分の感覚というたった一つの視点でしか、ものをとらえられなくなったからではないか。

いま、私たちは思っている以上に危機的状況に立たされているのかもしれない。そして、そこから脱出する鍵は、それぞれの「頭の使い方」にあるのではないだろうか。

第5章まとめ

- 新しいものは「模倣」から生まれる
- 基礎問題で「物事の原理」を知る
- 考える力とは「有機的な思考」である
- 情報の渦に流されると「判断力」を失う
- 考える力を養って「一歩抜きんでる」
- 現代は「考えること」が失われつつある
- 「創造的な思考」が脳の老化を抑止する
- 「視覚的イメージ」だけでは、頭に残らない
- 「人工的なプログラム」では創造力は養われない

第6章

実践で「考える力」を身につける

あなたの頭脳を活性化する「12の習慣」

私はこれまで、「想像力」と「創造力」を豊かにする論理的思考がいかに大切か、そのことを繰り返し語ってきた。

では、実際にどうすれば、論理的思考を身につけることができるのか？

①「相手はわからない」を前提とせよ

まず、ときどきでいいから、他者を意識してみるといい。

毎日顔を合わせている母親でも、別の人格を持つ以上、やはり他者なのだ。

よく、思春期の少年少女で、「親は私のことを少しもわかってくれない」と嘆く人がいる。だが所詮、親は子供の気持ちがわからないものである。そして、これは親に限ったことではない。

人はみなお互いに、根本のところではわかり合えないという自覚から、論理的な生活を始めている。

ならばどうしたら相手に自分の考えが正確に伝わりわかり合えるか。これは案外難しいものである。

私たちはなんとなくお互いにわかり合っていると思い込んでいる。あるいは感覚的な物言いをして、自分の考えを相手に伝えた気になっている。

お互いにそういった錯覚の中で暮らしているのだが、いったんはそういった馴《な》れ合いを断ち切って、**自分の考えを、筋道を立てて伝えることを意識してみる。**

とりあえず、そこから論理的思考を出発させてみることだ。

②「論理のルール」にしたがって言葉を使う

A君が「愛している」といった。

B君が「愛している」といった。

どちらも「愛」という同じ言語を使いながら、二人はまったく異なる感情をそれで表現している。

A君は、ちょっとかわいらしい女性がいるとすぐに口説《くど》こうとして「愛している」という。

B君は、一生に一度、自分の命と引き換えにしても、といった思いで「愛している」という。同じ「愛している」という言葉で、私たちはまったく異なる思いを表現しているのだ。だが、いったん発せられた言葉は、一人歩きをする。

A君の「愛している」という言葉を、C子さんは「かけがえのない言葉」として受け取った。A君にとって「愛している」という言葉は、誰に対しても安易に投げかけられる程度の感情を表す言葉だが、それをC子さんは、特別な感情を込めた言葉と受けとめた。

そこに、大きな誤解があるのだ。

裏切られた思いのC子さんは、「愛してるっていったじゃない。あれは嘘だったの？」となじる。A君は嘘をいったわけではない。C子さんに対して、A君の意味する「愛している」程度の感情は示したはずなのである。

言葉を信用するな。そこに論理性がない場合、他者と客観的な関係を取り結ぶことはできない。

情念の言葉は移ろいやすい。

自分の感情や思想を相手に伝えるために、論理を意識せよ。言葉は論理というルールにしたがって使ってこそ初めて信用に値するものとなる。

③話すときも、聞くときも、「明晰さ」を持て

わかりやすく話すことの大切さはみな十分理解している。しかし、本当にわかりやすく話すには、話し手が話す内容を完全に理解していなければならない。自分が理解していないことを、どうやって相手にわからせるのだろう。

こういった状況における「わかりやすさ」を、「明晰《めいせき》さ」という。

このことは小論文を書く場合でも、非常に大切である。

一方、〝わかりやすそうに〟話す人がいる。これに惑わされてはいけない。話し手が本当にわかっているのではなく、感覚を通して、わかった気分にさせているだけだ。ビジネスでも、こうした話し方をする相手には、注意する必要がある。

わかりやすく思えても明晰さに欠けているはずだ。

そして、あなたが話し手の場合、明晰であろうと心がけるべきだ。聞き手のときは、相手の情動に流されず、その**話の中の論理性を読み取る**ことだ。

そこから、考える力がついてくる。

④あえて「難解な言葉」を使ってみる

抽象的で難しい言葉を使う人が少なくなった。

もちろん、私は感覚的な言葉の美しさは十分すぎるほど認めている。あるいは、難解な言葉を振り回すだけの虚しさも、知り尽くしている。

だが、ときには**思考訓練として、抽象的な言葉を使ってみる**ことだ。言語＝思考なのだから。普段の会話でそれが難しいなら、自分の頭の中でものを考えるときは、抽象的な言葉を使ってみる。なるべく、抽象的な文章を読んでみる。こういった思考訓練を、絶えず行うべきだ。

鞄の中に、いつも中村雄二郎や、山崎正和、大岡信などの新書を入れておく。最初は難しいかもしれないが、いつも持ち歩けば、電車の中やちょっとした待ち時間にページをめくってみることができる。まずは触れる機会をつくることが大事である。

⑤ テーマを持った「読書」の効用

読書は誰でも、手軽に、どんな場所でもできるものである。そして、新聞と違って個々バラバラの知識ではなく、それ自体完結した情報を与えてくれる。

どんな本でも少なくとも活字体験を与えてくれるという意味では、論理的な生活をするうえで無駄な本など一つもない。

読書は、万能である。

考える力を身につけるには、どのような読書をするかが、もっとも肝心なのだ。論理力や抽象語を身につけるには、評論が最適である。書店に行き、自分の関心のあるテーマを何か一つ選んでみるといい。最初は難しく、最後まで読めないと思うかもしれない。だが、こういったものは慣れである。我慢して読んでいくうちに、やがてわかってくる。

いったん読みこなせば、あなたは生涯にわたってこうした**抽象的世界を手に入れることができる**。そう思って、読み慣れるまで続けることだ。

豊かな言葉遣いを手に入れるには、詩がいい。

一つの言葉をさまざまな状況や仕掛け、文脈中で使い分ける、その美しさ。レトリックの見事さ。そういったものを身につけるには、詩を読むに限る。

とくに、人の心の奥底にあるものをじっと見つめ、これしかないという表現でとらえていく、その素晴らしさをぜひ追体験してほしい。

想像力を鍛えるには、小説が一番だ。

私たちは誰でもたった一回きりの人生しか送ることができない。それではもったいないではないか。

小説では男が女に、女が男になることができる。大人がすでに失った青春を追体験できる。

どんな時代にも生きることができ、どんな人生も追体験できる。こんな素晴らしいことはない。

一回しかない人生なら、早くこの創造の楽しみを手に入れたほうがよい。生きる楽しみが断然違ってくる。

小説は私たちの一回きりの人生を豊穣なものにしてくれる。

そして、想像力を豊かにし、レトリック感覚を鍛えてもくれる。

論理的生活には、小説が不可欠である。

⑥「自分だけの書店」をつくる

毎日のように、膨大な新刊書が山積みになる。

私たちはどれを手に取っていいのか、途方に暮れるばかりである。

ベストセラーもいいが、それだけだとただ流行を追っているだけで、自分だけの読書体験をするのは難しい。

情報に頼りすぎると、本に対する愛着が湧かない。やはり、本は出会いである。自分だけが発見した、自分と出会うために書店の片隅でじっと待っていた、そういったものほどかわいくて愛着が湧く。

読書生活を楽しむとは、そういった本を読むことである。

そのためには、自分だけの書店をつくることだ。

あまり大きすぎる書店はダメだ。情報量が多すぎて、どこをどう探せばいいかわからないし、第一、自分だけの書店という親しみが湧いてこない。

大型書店は、〝自分の書店〟で手に入らない本を探しに行く場所である。

かといって、小さすぎると、たいていは雑誌やベストセラーしか置いてなく、しかも店員の目が気になって落ち着かない。

中型の書店、しかも自宅の近くで、毎日通いやすい書店を選ぶことだ。

私は浪人時代に、一つの書店を自分のなわばりと決め込み、毎日出向いていった。

もちろん、貧乏であるから、毎日本を買うことなどとてもできない。私は文庫本の棚のところで、いつもめまいを感じていた。

当時、私は4畳半の下宿屋にいて、毎日が予備校と下宿の往復である。

私の世界は4畳半しかなかった。だから、毎日、書店の棚をのぞいては、文庫本の背表紙を眺めていた。そこに行けば誰にでもなれるし、時空を超えてどこにでも行けるのだ。ここには本の数だけ人生があり、思想がある。

私は文庫本を手に取り、著者名を確認し、目次を見、裏表紙などにある解説を読んだ。

私は自分の書店に陳列してある本に関しては、店員よりも詳しかった。だから、次の日、私が大切にしていた文庫本が売れてしまっていたりすると、なんともいえない寂しさを感じた。

と同時に、私と同じ文庫本に惹かれた人間の存在を思って、ほんの少し胸の奥がくすぐったくなった。

⑦「歴史を考えるとき」に知っておきたいこと

小林秀雄は、歴史とは死んだ子供を思う母の悲しみだといった。

過去は二度と返ってこない。

死んだ子供はその母親にとってたった一人きりで、他の子供と取り替えることなどできない。だから、繰り返し繰り返し、人は死んだ子を思い出し、忘れまいとする。因果関係に支配された近代合理主義に、真っ向から対峙《たいじ》した言葉だろう。だが、単なる思い出では、歴史にはならない。そこには、「物語る」という行為が必要となる。

『大鏡』は、２００歳に近い翁が、子孫たちに物語ったものをまとめたものという。おそらく、当時は語り部がいたのだろう。

では、物語るというのは、どのような行為なのか？

たとえば、誰もがあこがれているアイドルタレントが一人の女の子に話しかけている場面を、あなたが偶然見たとする。

女の子はたまたま通りかかっただけなのか、それともファンなのか、特別な関係なのか、気になって仕方がなくなってしまった。

そこで、二人のあとをそっとつけていく。

二人は誰もいないビルの間の薄暗がりに行き、そこで、女の子がいきなりアイドルタレントの頬を思いきり打った。

女の子は走り去り、一人残されたアイドルタレントは泣きじゃくっている。

あなたは、そんな場面を見てしまった。

他にこの場面を目撃した人は、誰もいない。

こんなとき、このことは誰にもいわずに、自分一人の胸の中にしまっておこうとするだろうか。

誰でもいいから早く人に話したくて、うずうずするだろう。

まず最初に出会った人に話すだろうし、その場で友達に携帯電話をかけまくるかもしれない。

これを「共同化」という。人には自分が目撃したり体験したりしたただならぬことを人に伝えたいという、本能的な欲求がある。

さて、問題はここからである。

あなたは自分が目撃した体験を、どのように話すだろうか？

①アイドルタレントが、女の子に話しかけた。
②二人はビルの間の暗がりに行った。
③女の子がアイドルタレントの頬を叩き、走り去った。
④アイドルタレントが一人残され、涙ぐむ。

あなたが見たのはこの４つの場面であって、その間の成り行きはわかるはずがない。だが、人に話すときは、その４つの因果関係を推測し、一つのストーリーとして語るのではないか。

これが「物語る」行為で、物語りたいというのは、実は人間の本能的な欲求の一つなのである。

翁が自分が見てきた藤原氏の栄枯を、それを見ていない子孫たちに語る。これも「共同化」である。

だが、一人の翁が藤原氏の栄枯のすべてを見てきたわけではない。ほとんどが人から聞いた噂の類であろう。ましてや、藤原氏一人ひとりの心の中まで知りようがないではないか。

だが、翁は筋道を立てて、すべてを知り尽くしたかのように語るだろう。これが、「物語る」という行為なのだ。

ここから、歴史は出発する。

⑧「物事に筋道を立てる」ための訓練

では、なぜ人は「物語る」のか？

「物語る」というのは、**筋道を立てて語ることで、そのことによってことの事態を把握し、記憶しやすくなる**からだ。

あなたが激しいけんかをしたとする。

そのときは感情にまかせてものをいい、感情にまかせて行動したわけで、それは決して理路整然としたものではなかったはずだ。

ところが、誰かに「どうして？　わけを話してごらん？」といわれて一生懸命に心を整理し、話し出すときは一つの筋道のもとに話しているのではないか。

あなたはそのように筋道を立てて行動をしたわけではなかった。だが、物語ることによって、自分の言動を把握し、記憶にとどめることができるのだ。

そして、物語ることで初めて他者である相手に理解してもらうことができる。

私はよく講演などで、自分の過去について語ることがある。話していて、自分の心の中で「嘘だ」とささやく声を聞く。

私はそのように筋道を立てて生きてはこなかった。そのときどきの感情や思いつきや気分に促されて行動してきた。

論理的な生き方など、どこにもないのである。

だが、私は人に自分の人生を語るとき、そこに何らかの筋道をつける。

それが「物語る」行為であり、そこには体験を「共有化」したいという欲求と、筋道を立てて語りたいという欲求がある。

そして、うまく筋道を立てられた人が相手を納得させ、相手と感動をともにすることができるのだ。

「物語る」という行為は、論理的思考の一つの大切な要素である。

私は『早わかり文学史』（語学春秋社）という本を書いた。非常にわかりにくい近代文学の歴史を、一つの筋道のもとに語ったのである。

読者は筋道を理解するから、楽しんで文学史の重要事項を頭に入れていける。いやな記憶から、解放されるのである。そして、理解しているから、忘れなくなる。

薄っぺらな、重要事項を羅列しただけの暗記用の本をいくら頭に詰め込もうとしても、かえって覚えられないものなのだ。

論理力を鍛え、なおかつ大切なことを記憶するためのもっとも有効な方法は、実は物語るということなのである。私は毎日毎日生徒に論理的に物語ってきた。そういった行為の積み重ねの中で次第に論理力が鍛えられ、必要な知識が自分の中に血肉化してきたのだ。

誰でもいいから、身近な人で話し相手を見つけるべきである。自分が理解したことをその人に対して物語ればいい。**物語るとは論理的に話すこと。**そのことで、自分の中で漠然とした理解に止《とど》まったものが次第に明確な輪郭を持ち始め、忘却されることなくストックされていくことだろう。

⑨「歴史を理解する」勉強法

日本史、世界史を始めとする社会科の科目は、どうしても暗記物というイメージが強い。

だが、物語るという行為がそこにある以上、理解することがもっとも大切なのである。

歴史なら、時代の流れ、政治、経済、文化との関連、そういった筋道を一つひとつ理解していくことは、実に楽しいではないか。

政治、経済も現代社会の仕組みを理解するものだ。

地理も、なぜ、そこにはそのような産業が発達したのか、気候や地理的条件はどうなのか、政治や経済の影響はどうかなどを、一つひとつ理解する科目である。

それらを理解することによって、私たちは記憶することができる。とくに、記述式問題が重視される傾向にある現在、こうした学習法が不可欠である。

もちろん、いくら理解しても、ほうっておけば人間は忘れるものである。だから、忘れないためには何度も反復し、問題練習によって使いこなす。このあたりの勉強法は、すでに第1章で述べたとおりである。

もちろん、物理、化学、生物、地学などの学習法も、基本的には同じである。

あらゆる科目の土台に、論理的思考がある。

⑩ 論理力を鍛えるための「新聞活用法」

論理力を身につけるためには、日々、頭を使い続けなければならない。私たちは常日頃から論理的に考え、論理的に読み、論理的に話す必要がある。

そういった訓練の素材として、もっとも身近なものが新聞ではないだろうか。

新聞のメリットは、毎日手軽に読めること、時間がかからないこと、そして、ほとんどの文章が短文であることだ。

第1章でも述べたように、ほとんどの短文では、筆者の主張は一つである。だから、論理を理解する訓練には最適なのである。

⑪「論理的な生活」をする

毎日、10分でいいから、朝、新聞を読むことで、論理力を訓練する。そのことで、その日1日論理力を意識して過ごそうと思いを新たにする。

人と話すときは、相手の筋道を理解するよう努める。自分が話すときは、筋道を立てることを意識する。

ときには、相手の立場に立ってものをとらえ直す（レトリック感覚）。自分の視点からだけでものをとらえていると、相手の気持ちがわからない。そこで、相手の立場からものをとらえたあと、相違点を明確にし高い地点での合一を図る（弁証法）。具体的な事例に出くわせば、それを普遍のレベルにまで高める（帰納法）。

朝、電車の中ではなるべく読書をする。

評論文によって論理力を鍛えるとともに、さまざまな角度から現代を認識する。小説では、さまざまな時代、さまざまな状況の中、登場人物の気持ちになりきることで、想像力を鍛える。困った人や蔑《さげす》まれた人に同情することで、想像力が身につき、レトリック感覚が鍛えられ、人に優しくなれる。

私たちは意識を変えることによって、日常生活を論理的なものに変えることができるのだ。

⑫「新聞の欠点」を知る

毎日、手軽に論理力を鍛えるには、新聞が最適だと述べた。とくに、朝日新聞の「天声人語」や社説は定評のあるものであり、大いに利用してほしい。

だが、受験生が国語力や小論文の練習に、これらを要約していることがあるが、これは避けたほうがいい。「天声人語」や社説は、その**論理構造を読み取る訓練に役立**

てるべきで、わざわざ要約する必要はない。

受験生に必要なのは評論用語であり、論文の文体であり、現代をとらえるためのアイテムなのだ。

「天声人語」は巻頭随筆、つまりエッセイである。しかも、新聞は社説を含めて時事問題が中心であり、現代の普遍性をとらえるアイテムにはなりにくい。

また、文章を決められた字数以内におさめる短文で、それ自体要約には適さないのである。

多くの受験生がこういった文章を膨大な時間をかけて要約するのは、教える側の認識不足があるからだ。

かつて、現代文はセンスや感覚の教科で、教えられるものではないものと見なされてきた。だから、多くの国語の教師はいまでも受験生に対し、読書や「天声人語」の要約をすすめる。つまり、多くの本を読んだり要約したりすることによってセンスや感覚を自分でつかめということで、これは教えることの放棄である。

どう読み、どう書くのかという明確な指導がない限り、こういった努力は水泡に帰すだけである。

さらに、新聞の最大の欠点は、その短文自体が独立していないことである。読者の中にそのテーマに関する知識がすでにあると仮定し、それを前提に時事的な問題を述べる。こういった記事が、その大半である。

ただ、時折、夕刊などに掲載される囲み記事はそれ自体独立していて、現代をとらえるアイテムに十分なりうるものがある。そういった文章を積極的に見つけ、自分のものとして消化するのも、新聞を読む楽しみの一つである。

第6章まとめ

- 「相手はわからない」を前提とする
- 「論理のルール」にしたがって言葉を使う
- 話すときも、聞くときも、「明晰さ」を持つ
- あえて「難解な言葉」を使ってみる
- テーマを持って「読書」をする
- 「自分だけの書店」をつくる
- 歴史には「物語る」という行為が潜んでいる
- 「物事に筋道を立てる」ことで記憶しやすくなる
- 「歴史を理解する」のは暗記じゃない
- 新聞で「論理力を鍛える」
- 新聞で「現代をとらえる」
- 「論理」を意識して生活する

第7章

実況中継「出口の現代文講義」

佐藤優氏が指摘したように、すべての基礎学力は論理力であり、論理的な読解力である。こうした力を養成しない限り、記憶力も思考力も記述力も付け焼き刃であって、本当の学力を身につけることはできない。

急がば回れである。もう一度現代文の受験参考書をひもといてみたならどうか。

一つ、練習をしてみよう。

実況中継「出口の現代文講義」入門編

次の文章は、朝日新聞の「天声人語」のもので、かつて早稲田大学の入試で出題された。

いまから5分間で、筆者のたった一つの主張を読みとってほしい。

漢文が入ってきて難しそうと思うかもしれないが、論理さえ理解すれば決して難しくない。もし、わからなければ、一読をして解説を熟読してほしい。

■次の文章（A・B）を読んで、後の問に答えよ。

A　先輩記者が女子大生たちから招待状を受けとった。「枯れ木も山のにぎわいと存じます。ぜひ出席を……」。枯れ木としては、山をにぎわせるべきかどうかに迷う。

「情けは人のためならず」といったら、「なるほど情けをかけてはかえって人を傷つけるのか」とうなずく若者がいたそうだ。

ある出版社が集めた誤字・当て字優秀作？に、「ご立派な低宅をお建てになり」という新築祝いの手紙があった。むろん邸宅の間違いだが、低宅には妙な実感がある。「やはり脳力がなかったようです」とは、受験に失敗した若者の便りだ。脳力を増進するよりほかあるまい。

こういう実例を並べては国語力の低下を嘆き、国語の乱れをなじるのが世の常だが、そのなじるご当人が、たとえば順風満帆や不祝儀を間違えて読んだりするのだから、日本語というのはややこしい。

青筋をたてて国語の乱れに警鐘を打ち鳴らす人がいるのはいいことだ。でも、そういう「けしからん派」だけでは息がつまる。

山本周五郎の代表作『おたふく物語』の主人公おしずは、山本作品の中の最も魅力的な女性の一人だが、このおしずさんのしゃべる言葉は、すっとんきょうで、そそっかしくて、いつも間違いばかりしている。「金時の火事見舞い」を「金時のカゼ見舞い」などと平気でいい、周囲を笑わせる。目黒の茶店へ行けば本気で名物のサンマを注文し、店の老夫婦を喜ばせる。その言葉はとんまなようで情があり、間違ったいい回しがかえって、あたたかい笑いを呼ぶ。ただひとつ、どんなでたらめをいっても、おしずは絶対に人を傷つける言葉を使わない。「枯れ木も」といえば相手がどう思うか、を常に考える心配りがある。

周五郎はおしずという人物像を描きながら、本当の生きた言葉とは何かを考えていたのだろう。私たちはどうやら枝葉末節の間違いにこだわりすぎているように思う。

Ｂ　偶到田家宿　　たまたま田家に到りて宿れば
歓迎如遇仙　　歓迎せらるること仙に遇ふが如し
杯盤陳戸側　　杯と盤《さら》は戸の側《そば》に陳《つら》ね
妻子拝灯前　　妻や子らは灯前に拝す
青白眼誰静　　青《くろ》く白の眼《まなざし》誰か静かならん
炎涼情易偏　　炎《あつ》きと涼《つめ》たきと情《こころ》偏《かたよ》り易し
豈知人世外　　あに人の世の外に
還有野夫憐　　還《ま》た野夫の憐み有らんとは

問　傍線「心配り」に近い内容をもつ語をＢの漢詩から一字で抜き出せ。

うまくできただろうか?

Aの文章は読みやすかったのではないか。

冒頭は具体例（A'）である。女子大生の招待状で、慣用表現を間違って使った例である。

では、その具体例で何を主張したいのかと思って読むと、「国語力の低下を嘆き、国語の乱れをなじるのが世の常」とある。

ところが、それを次でひっくり返す。

「青筋をたてて国語の乱れに警鐘を打ち鳴らす人がいるのはいいことだ。でも、そういう『けしからん派』だけでは息がつまる」とある。

筆者の主張は、「けしからん派」と違った立場にあることだけは確かだ。そこで、筆者は国語はどうあるべきだと主張するのか?

次にまた山本周五郎の『おたふく物語』の具体例を引く。すべてが（A'）である。

主人公のおしずは、言葉遣いは無茶苦茶である。だが、「その言葉はとんまなようで情があり、間違ったいい回しがかえって、あたたかい笑いを呼ぶ」のだ。

そして、最後に、筆者は自分の主張（A）を提示する。

「周五郎はおしずという人物像を描きながら、本当の生きた言葉とは何かを考えていたのだろう。私たちはどうやら枝葉末節の間違いにこだわりすぎているように思う」

つまり、筆者の主張（A）は、「本当の生きた言葉とは、情があり、人を傷つけない思いやりのある言葉だ」と主張しているのである。

冒頭の女子大生の例は、この段階で、筆者の主張とは反対の例だとわかる。「枯れ木も山のにぎわい」という言い回しで、相手を「枯れ木だ」と傷つけている。

この女子大生は悪気があったわけではなく、単に慣用表現を何の気なしに使っただけのことであろう。だが、言葉を使うときの思いやりがなかったことだけは確かだ。

山本周五郎の『おたふく物語』は、明らかに筆者の主張を裏づける例である。

では、次の漢文についてはどうか？

一見、言葉の問題と何の関係もないように思える。

だが、これが引用である限り、（A）「本当の言葉とは、あたたかい、情のあるものだ」の繰り返し（A'）だから、内容は読まなくてもすでにわかっているのである。

漢詩の大まかな意味は、次のとおりである。

たまたま田舎の家に行き、宿を求めれば、非常に温かい歓迎を受けた（たまたま田家に到りて宿れば　歓迎せらるること仙に遇ふが如し）。

次に、具体例（A'）である（杯と盤は戸の側に陳ね　妻や子らは灯前に拝す）。

次は農家の温かいもてなしと、世間の冷たさとが対比されている。世間では、利害、損得勘定で、絶えず態度が豹変するのである（青く白の眼誰か静かならん　炎きと涼たきと情偏り易し）。

そして、最後にもう一度、筆者の主張（A）が繰り返される。

農夫以外に、冷たい世間で、これほどの温かい情があるだろうか。いや、どこにもないだろう（あに人の世の外に　還た野夫の憐み有らんとは）。

私たちは新聞をただ漠然と読み流しているのではないか？

このように短文の中の論理構造を意識し、筆者のたった一つの主張を読み取れば、毎日論理力を鍛えることができるのである。

そこで、設問について考えてみよう。

傍線部の「心配り」とは、おしずの情のある、温かい言葉遣いをさす。そこで、漢字の中から同じ意味内容の１字を探せば、６行目の「情」がすぐに見つかるだろう。これが罠なのである。

こういった言葉は、文脈によって意味を規定するのが鉄則で、「情」とは、ここでは世間一般の「炎きと涼たき」といった偏った心のことなのだ。

おしずに対応するものを漢詩から探すと、農夫である。そこで、農夫の情を表している漢字を探せばいい。

すると、最後の行で、「野夫憐」とある。この「憐」は、私たちが普段使っている意味ではない。第一、漢詩なのだから、私たちと同じ意味で言葉を使っているとは限らないではないか。

この「憐」は、農夫の持つ温かい情のことである。

答え　憐

結局、この問題は漢文の力を試しているのではない。「憐」が情の意味だとは、おそらくほとんどの受験生は知らないだろうし、もしそうでなければ、わざわざAの文章を提示する必要などないではないか。

筆者の主張＝山本周五郎の『おたふく物語』のおしず＝漢詩の中の農夫

こういった論理構造を読み取ったかどうかなのである。

ここで早稲田が要求しているのは、**センスや感覚ではなく、論理力**なのだ。

実況中継「出口の現代文講義」本講義編

大学受験を終了した人は、もう現代文の入試問題など、無用なものと思っているだろう。ところが、現代文ほど、大学生や社会人、主婦など、一般社会人にとって手軽で、しかも利用のしがいのあるものはない。

現代文は、いま述べた新聞の欠点をすべて補って余りあるものなのだ。

各大学が1年間、膨大な文章の中から、たった1問を探し出すのである。それは、ある角度から現代を切り取ったものであり、しかも一番おいしいところだけを抜き取っている。

しかも時事問題ではなく、ある種の普遍性を持っていて、現代をある角度から認識した評論である。

論文である限り、論文の文体や評論用語を習得することができるし、抽象的思考訓練にも適している。そして、要約が可能だ。

入試の現代文には、文化論、文明論、言語論、環境論、芸術論、文芸論、科学論、教育論など、さまざまな分野のエッセンスが綺羅星《きらぼし》のごとく並んでいる。それぞれが立場の異なる思想である。受験生はそういったものを、とりあえずは白紙の状態で理解する。

そうやって、さまざまな角度から、この**現代に対する認識を深めていく**のだ。

受験期にこういった訓練を受けていないと、偏った思想や宗教にのめり込み、狂信的になってしまうことがある。

オウム真理教の狂信的信者の幹部には、高学歴の人が多かったと聞く。もし、現代文を単なる受験のテクニックではなく、さまざまな角度から現代を認識するアイテムとして活用していたならば、彼らの生き方も違っていたのではないか。

では、具体的に、入試問題を使って、その活用法を説明してみよう。難しいと感じたら、ここでもさっと目を通して、解説をじっくり読み込んでほしい。

入試問題で取り上げているとはいえ、文章自体は、一般の人に向けて書かれたものなのだから。

ものとしてのありかたとこととしてのありかたとのあいだに決定的な本性上の差違があるということは、現実の世界において、ものとことが二つの全く別種の現象様式として混り合うことがない、ということを意味しない。つまり、ものは全面的にものであってこと的な性格を含まず、ことはつねに純粋なことであってもの的なありかたを示さないというような、二者択一的な現れかたをするのではないということである。

純粋のことの状態は発生機の元素のように不安定であって、すぐにもの的な対象として安定しようとする傾向をそなえている。「ある」ということはすぐ「存在」というもの的な姿をとりたがるし、「速い」ということは「速さ」というものとしてわれわれの意識の中で安定を見出そうとする。元来、われわれの意識はものを見出すためにあるのであって、意識によって見出されるかぎり、どのようなことでもすべてもの的な姿をおびることになるのだ、といってもよいだろう。その意味ではことは意識を超えている。いっさいのもの的粉飾を伴わない純粋無垢のこと的なありかたを、志向的意識によって捉えることは原理上不可能である。ことはことばによって表現される。しかし厳密にいえば、ことばに言い表されたことはすでに純粋なことではない。「落ちる」ということばは、落ちるということを語り出してはいるけれども、それを聞くわれわれの側ではこのことばからなんらかのイメージを思い浮かべることなしに「落ちる」という意味を理解することはほとんど不可能である。イメージの姿をとったものは、すでに純粋のことではありえない。

　逆にことをことばにする作業のことを考えてみる。外界のものがそれぞれの名前をもっていて、それを知りさえすれば簡単に名指せるのに対して形のないことをことばで言い表すのはいつも容易なこととはかぎらない。言い表したいことが自分では痛いほどわかっていながら、それをどういうことばにすればよいのか迷った経験は、だれでも持ち合わせているだろう。

外国語から日本語への翻訳をするときなど、そういう困難にぶつかる機会が特に多い。外国語の単語や語句の意味、そこで言われていることがよくわかっていればいるほど、それにぴったりあてはまる日本語が見つからなくて困ることが多いものである。辞書を用いて機械的に単語や熟語を置きかえて行くコンピューター的な翻訳ならばともかく、生きた外国語を生きた日本語に変えようというときには、つねにこの困難がつきまとってくる。どんなことばを選んでみても、そのことばがもともと意味していることと、そこで自分が表現しようとしていることとのあいだのずれが眼についてしまう。逆にいうと、一般に使われている生きたことばの中には、それほど濃密にことが住みついているということなのだろう。これまでその国のことばで語られたことがなかったようなことを無理に語ろうとすると、どうしてもことばに対してある種の暴力を加えなくてはならなくなる。翻訳という仕事は、その意味ではつねにことばをことから疎外させる不自然な行為なのである。

ことばはそれ自体一種のものでありながら、その中に生き生きとしたことを住まわせている。そこではものとこととの間に一種の共生関係があるといってよい。この共生関係を最大限に利用しているのが「詩」とよばれる言語芸術だろう。詩がふつうの文章と本質的に違っている点は、詩がことばというものを用い、しかも多くの場合さまざまなものについて語りながら、ものについての情報の伝達を目的とはせず、ことの世界を鮮明に表現しようとしているという点である。

古池や蛙《かはづ》飛び込む水の音

このだれにでもよく知られた芭蕉の俳句は、形の上では、いくつかのものについての描写以上のなにものをも含んでいない。古い池に蛙が飛びこんだ水の音、それだけのことであって、文章構造の上では「木から落ちるリンゴ」とほとんど違わない。事実、この句をもし外国語に直訳してみたら、なんの情感もないものの世界の報告文になってしまうことだろう。

しかし日本人ならばだれひとりとして、この俳句をものの世界の単なる報告文として読む人はいないだろう。ここには一つのことが隠されている。このことは、蛙の飛びこんだ古い池の水の音あたりで生じていることかもしれないし、芭蕉の心の中で生じていることなのかもしれない。あるいは音と芭蕉とのあいだに生じていることだというのが一番正しいかも知れない。とにかくなんらかのことが芭蕉の身辺にただよった。そして、そのことをことばにして言い表そうとして、芭蕉は「古池や蛙飛び込む水の音」と詠んだのである。

だから、この俳句が語っていることを、これとは別のことばを用いて説明しようとしても、それは恐らく不可能だろう。外国語にそのまま置き換えてみても、恐らく同じことは再現できないだろう。古池、蛙、水の音といったもののイメージ、飛びこむということが不可避的にもの化されたイメージ、それにこれだけのことばを並べたときに語音やリズムなどといった音声学的な特徴が作り上げるイメージ、そういったものの的なイメージの綜合が、その背後から純粋なことの世界をはっきりと感じとらせてくれる。純粋なことの世界が、俳句の音声と重なった沈黙の声として、われわれの間近ではっきりと聞きとれるのである。

ものとことととの共生関係が認められるのは、俳句や詩のような言語芸術の場合だけではない。絵画にしても音楽にしても、およそ芸術作品といわれるものはすべて、もの的な表現素材を通じてこと的な世界を開いている。さらに芸術の場合だけではなく、人間の表現行為に属するものならどのようなものでも、ものに即してことを感じとるという構造をもっている。例えば表情といわれるものがそれである。われわれは他人の表情からその人の心の動きを読みとっている。ものの次元にある顔面の動きが、こととしての内面を表している。またある種の演劇論が言っているように、われわれは顔の表情を演技として作ることによって、心をその表情に合致した方向に動かすこともできる。泣くという演技をすれば、ひとりでに悲しくなる。ことはものに現れ、ものはことを表し、ものからことが読みとれる。

「時間と自己」木村　敏（青山学院大学入試問題より）

さて、冒頭から、頭が痛くなったのではないか?

これも、私の狙いである。

こういった文章は新聞ではまずお目にかからず、書店で自分で探そうとしても、なかなか素晴らしいものと出会えない。

入試問題として出題される文章は、大学のもっとも優秀な教官が1年かけて選び出した本の、しかもその一番いい場面なのだから。

そして、こういった文章を考えることで、抽象的な思考能力を鍛えることができるのだ。

冒頭、「ものとことが二つの全く別種の現象様式として混り合うことがない、ということを意味しない」とある。まどろっこしい言い回しだが、要は、「ものとことが混じり合っている」といっているにすぎない。

では、「もの」「こと」って、何だ?

あわてないでほしい。

「もの」「こと」としかいいようがないから、そう表現したのであって、もっと簡潔にいえるならば、何も「もの」「こと」などという言い方はしないのである。この抽象的世界に踏みとどまることができるかどうかが肝心なのだ。

この文章がどんなに難しく思えても、結局、短文では、筆者の主張は一つである。それをAとすると、すべてはAの繰り返し（A'）なのだ。それさえわかれば、難しいものなど一つもない。

筆者の主張は、何か？

それはすでに、あなたが読み取っている。

「ものとことは混じり合っている」ということだ。

以下、このことを文章は繰り返していく。それを見抜く力が、論理力である。そして、筆者の主張をズバリ集約した文章が、中ほどに出てくる。

「ものとことの間に一種の共生関係がある」が、それである。

話を第2段落に戻そう。

具体例がある。

「『ある』ということはすぐ『存在』というもの的な姿をとりたがるし、『速い』ということは『速さ』というものとしてわれわれの意識の中で安定を見出そうとする」

それをさらに説明する。

「われわれの意識はものを見出すためにあるのであって、意識によって見出されるかぎり、どのようなことでもすべてもの的な姿をおびることになるのだ」

ここまでの文章で、論理を読み取っただろうか？

「もの」と「こと」は、現象面（表面に現れてくる世界）では、混じり合っている。だから、私たちは「もの」と「こと」を分けることができない。

だが、「もの」とは私たちが意識できるもので、「こと」とは私たちが意識できないことなのである。

私たちは「こと」を意識でとらえることができない。意識でとらえたときは、すでに「こと」は「もの」の姿をとっている。これが「もの」と「こと」の共生関係である。

次も具体例で、筆者の主張の繰り返しなのだ。

「落ちる」という「こと」は、意識でとらえることができない。イメージという「もの」で、私たちは「こと」を意識する。

これはどういうことなのか？

たとえば、いまリンゴが木の枝から離れて落ちようとしている。

その落ちるという「こと」を意識でとらえてみてほしい。

いま、リンゴが枝から離れた。その瞬間を意識でとらえようとしたとき、リンゴはもっと落ちている。10センチほど落ちた瞬間を意識でとらえようとしたとき、リンゴはもっと落ちている。

「落ちる」という「こと」は、そういうことなのだ。私たちは「こと」を意識でとらえることなど、原理的に不可能である。

しかし、私たちは現に「落ちる」という「こと」を理解しているではないか。

確かに、私たちは「落ちる」という「こと」をとらえることができる。それはどういうことか。

いま、たとえば20センチほど落ちたところでリンゴが静止している。現実には「落ちる」という「こと」は、静止することはあり得ない。これはイメージである。だが、私たちはその静止したイメージから「落ちる」という「こと」をとらえている。

このとき、すでに「落ちる」という「こと」は、「もの」を伴っているのだ。これが、「もの」と「こと」の共生関係である。

もし、いまの例がわかりにくいなら、焦らず次を読んでいこう。なぜなら、論理的な文章はすべてAの繰り返しだから、どこか一つがわかれば、すべてがわかってくる。そして、わかったときは、素晴らしく気持ちがいいのである。

《翻訳の難しさ》

次に、筆者は翻訳の難しさを例として持ち出してくる。

これもA'であるから、書いてあることは読まなくてもわかっている。

言葉は意識でとらえることができるものであるが、そこには意識でとらえることのできないことがこもっている。

「生きた外国語を生きた日本語に変えようというときには、つねにこの困難がつきまとってくる。どんなことばを選んでみても、そのことばがもともと意味していることと、そこで自分が表現しようとしていることとのあいだのずれが眼についてしまう」

これはどういうことか？

一つ、例を挙げてみよう。

「嫁」という日本語を英語に翻訳すれば、どうなるか？

たぶん、多くの人が躊躇《ちゅうちょ》なく「ワイフ」と答えるだろう。だが、ここには無理があるのだ。

「嫁」という言葉には「嫁」「姑」という日本の家族制度がこもっていて、これは意識でとらえることができない「こと」なのだ。

そして「ワイフ」という言葉には、「嫁」「姑」という「こと」はこもっていない。それとは異なる、西洋の教会を基盤とした「こと」がこもっているだろう。

「一般に使われている生きたことばの中には、それほど濃密にことが住みついている」と、筆者は主張する。

だから、翻訳には「ことば」から「こと」を引き剝《は》がす暴力が必要なのだ。

結局、ここまでも「ものとことの共生関係」という筆者の主張（A）を繰り返したにすぎない。

《芭蕉の蛙》

「ことば」は「もの」でありながら、そこには濃密に「こと」が住みついている。それを利用したのが、言語芸術である。

「詩がふつうの文章と本質的に違っている点は、詩がことばというものを用い、しかも多くの場合さまざまなものについて語りながら、ものについての情報の伝達を目的とはせず、ことの世界を鮮明に表現しようとしているという点である」

詩は言葉というものを使って、「こと的世界」を表現していると、筆者は主張する。

その例として、芭蕉の有名な句を引用する。

たとえば、普通の文章だったら、

古池の　蛙飛び込む　水の音

となるだろう。

これでは詩にならない。なぜなら、ここには「こと」がこもっていないからである。芭蕉は確かに旅の途中で古池の蛙を見た。この句にある「蛙」は古池の蛙以外であり得ず、そして、「水の音」はその蛙が古池に飛び込んだ音に違いない。これでは、芭蕉が見て聞いたことの報告にすぎず、ここに意識でとらえることのできない「こと」の世界はない。

ところが、いま、「古池の」を「古池や」と変えてみる。「の」を「や」に変えるということだけで、この句は詩に変転する。

「や」は切れ字といい、この言葉で「古池」と「蛙」は、論理の上で切断される。確かに、芭蕉は古池の蛙を見た。だが、その「蛙」と、芭蕉の句の蛙は別のものである。

では、この「蛙」は何か？

いつの間にか、芭蕉の心の中に、1匹の蛙が住みついていた。その蛙であり、「水の音」は芭蕉の胸中に次第に広がっていく波紋であろう。

芭蕉は旅に旅を重ねて、旅の途中に死のうと思った。

それは一つの覚悟だった。

一生を旅することで、あらゆる執着を捨て、そのことで自然と一体化しようとしたのだ。

その境地を、芭蕉自身は風流と名づけた。

だが、ときには旅に病み、疲れ果て、孤独に打ちひしがれ、身を投げ出すこともあっただろう。その中で、いつの間にか1匹の蛙が住みついたのだ。それは芭蕉自身も気づかぬことだったかもしれない。

ふと、芭蕉は蛙が池に飛び込む音を聞いた。

誰一人いない、よほど静かな、古びた場所だったのだろうか。

そのとき、芭蕉は自分の胸中奥深くに住みついた、1匹の蛙に気がつく。「古池や」と呼びかける。この「古池」は芭蕉が実際に見た現実の「古池」で、「もの」である。

だが、この瞬間、確かに芭蕉は自分の胸中で、1匹の蛙が池に飛び込んだ音を聞いたのだ。

なんと寂しく、せつない音だろう。

そして、芭蕉の心の中にあるものは、意識でとらえることのできない「こと」である。それを「蛙」「水の音」という「もの」によって、確かに意識に定着させることに成功したのだ。

これが「詩」だ。

結局、これも「ものとこととの共生関係」という筆者の主張を繰り返したものにすぎない。

《芸術の普遍性》

筆者はさらに話をより普遍的な次元へと昇華させる。

「ものとこととの共生関係が認められるのは、俳句や詩のような言語芸術の場合だけではない。絵画にしても音楽にしても、およそ芸術作品といわれるものはすべて、もの的な表現素材を通じてこと的な世界を開いている」

たとえば、ここにピカソの歪《ゆが》んだような女の絵があるとする。

私たちはなぜその絵に感動するのかといえば、絵それ自体は「もの」であっても、そこにピカソの意識ではとらえることのできない「こと」的世界が表現されているからである。

そして、私たちは自分の心の奥底にも同じ「こと」的世界が広がっていることに改めて気づき、共感するのだ。

人は誰しも心の奥底に意識ではとらえることのできない「こと」的世界を持っている。愛憎、恐怖、死への怯え、不安、欲望、狂気、そういった言葉では限定できない、深く混沌としたものがある。そして、これらの「こと」的世界は、深く掘り下げれば掘り下げるほど、人間であれば誰でも共通の源泉に突き当たるのだ。

それは時代や民族や文化を超える。そこに、芸術の普遍性がある。だから、私たち現代の日本人でも、時代も民族も文化も異なるギリシアの彫刻に感動できるのである。

ところが、これらは「こと」的世界で、それを意識でとらえるためには、素材としての「もの」が必要となる。

《芸術家という人間》

私たちは普段は日常生活の猥雑《わいざつ》さに気をとられ、心の奥底にある「こと」的世界を意識しようとはしない。

ところが、ある種の人間はこの部分を凝視し、眼をそらせなくなる。それは先天的なものであったり、あるいは、人生の早い時期に、何らかのきっかけで気づいたりするものである。

彼らは「こと」的世界を意識でとらえようとする。心の奥底にある深い何かを、表に現そうとする。これが表現衝動であり、その表現衝動が強く、しかも持続する人が、芸術家となり得る。

ところが、素材となる「もの」は、芸術家固有のものである。ある者は絵で、ある者は彫刻で、さらには、音で、言語で、肉体でと、その表現素材によって、芸術はさまざまなジャンルに分類される。

ここでも共生関係が見られるのだが、それを評論用語で言い換えると、「形象化」なのである。

形のないものに形を与えるのが「形象化」であり、その意味ではすべての芸術が形象化だといえる。

芸術家はどのような形象を与えるかで、それぞれ苦心するのである。

《美人になる方法》

筆者はさらに普遍化する。

「芸術の場合だけではなく、人間の表現行為に属するものならどのようなものでも、ものに即してことを感じとるという構造をもっている。例えば表情といわれるものがそれである」

人の表情とは、なんと不思議なものだろう。

あの人は悲しそうだ、といった場合、悲しそうな表情とは、どんな顔なのか？

眉毛の角度は何度くらいが悲しいのか？

実は顔は「もの」であり、私たちが「悲しそうだ」というのは、顔という「もの」を通して、その人の感情という「こと」を読みとっているのだ。

逆にいうと、私たちの心の動きや頭の使い方など、「こと」的な世界は必ず表情というものに表れてくる。だから、怖いのである。

いつも悪意を持っている人、狡《ずる》い人、嫉妬深い人、軽薄な人、欲深い人、すべてその「こと」的世界は、その人の顔に表れる。

美人は1日で飽きるが、ブスは3日で慣れるという俗諺《ぞくげん》がある。

あまり感心した言い回しではないが、共生関係を考えると、言い得て妙である。

たとえどんなに美人であろうと、ブスであろうと、私たちはすぐにそれほど気にならなくなる。なぜかというと、最初は相手の「こと」的世界と触れていないから、まずは顔という「もの」に目がいく。だが、相手の「こと」を知るにつれ、私たちは「もの」を通して、自然と「こと」的世界を読み取るようになるのである。

若いときはどうしても美人かどうかという遺伝的要素に目が向くかもしれない。だが、どんな美人でも年をとるにつれ、皺《しわ》は増え、容貌は衰えていく。そして、若くなってからのほうが、いまや人生は長いのである。そのとき、あなたの顔は「こと」的世界と一致しているだろう。

《宗教の本質》

「もの」と「こと」との共生関係は、あらゆる場面で指摘できる。

たとえば、宗教。

私たちは神や仏を意識でとらえることができない。もし、神がこの宇宙を創ったのなら、神はとんでもなく大きな存在であり、その姿は人間の目に映ることはないし、その声は人間の耳に入ることはない。

神や仏は「こと」である。

だが、人間はそういった意識でとらえることのできないものを、なんとかつかみたいと思う。そのとき、「もの」を通して、「こと」をとらえようとする。

たとえば、教会、神社、十字架、仏像など、すべては「もの」を通して、神や仏という「こと」をとらえようとしているのである。

そういった意味では、あらゆる宗教は同根であり、その違いは「もの」にあるだけではないのか。

そして、「もの」は時代、民族、文化によって異なる。

なのに、その「もの」的なものを絶対化し、相手を否定し、殺し合ってきた人類の歴史は、なんと虚しい痕跡を示してきたことだろう。

《究極の勉強法》

「もの」と「こと」の共生関係は、芸術やあらゆる表現行為、果ては宗教にまで及ぶ。

すべてが同じことの繰り返しである。ということは、この世界は非常にシンプルな論理で成り立っているということなのだ。

私たちは現象面だけをとらえて、その複雑な様相に目を奪われているが、地球が太陽の周りを回ることも、リンゴが地面に落ちることも、数学も、英語も、現代文も、小論文も、芭蕉も、芸術も、宗教も、論理で見れば、実はすべて同じことなのである。

このことの発見が、あなたの世界観を変えるのではないか。

いや、「もの」のとらえ方が変わるとき、あなたはまさにニュートンやコロンブスの目を持つのだ。

そして、一つの論理があらゆる場面に当てはまるということは、逆にいうと、一つのことがわかれば、すべてが自ずとわかってくるということである。

実は、これが「一を聞いて十を知る」という究極のわかり方なのである。

世の天才は、みんなこのことを知っている。

この「読み方」であらゆる能力を鍛えられる

この文章は、すべてAを繰り返しただけのものである。

こういった作業によって、論理力や抽象的思考能力、言語能力など、さまざまな能力を鍛えることができる。

しかも短文で、これだけの情報量が詰め込まれているのだ。これは、新聞などではおよびもつかないことなのである。

思考訓練の場として現代文を利用することの利点が、わかってもらえたであろうか。

こういった問題文を10題読んだら、あなたは10の角度からこの現代を認識することができる。

もっと現代文の問題練習で、高度な論理力を養成したい人は、ぜひ私の『出口のシステム現代文』シリーズ（水王舎）や論理力養成のために私が開発した「論理エンジン」に挑戦してほしい。

第8章

考える力が
100%身につく
「ノート術」

これから日常の中で論理力を鍛える、実践的な方法を説明しよう。受験生は、入試本番では、時間内にフルに頭を集中させなければならない。そのためには、いまから頭脳を最高に切れる状態にしておく必要がある。

もちろん受験生に限らず、ものを考えるすべての人々に、有効な方法である。

まず、大学ノートを1冊用意する。

なるべく分厚くて、大きめのほうがいい。そして、ストックとしてためておきたい文章に出会ったら、ノートの左ページに要約する。ストックするのは、なるべく普遍性のある評論文が望ましい。たとえば、新聞のちょっとした評論、単行本や新書などの評論文、もちろん、現代文の入試問題でもいい。

論理力を鍛えるために入試問題を利用したいなら、少し大きな書店の受験参考書コーナーに行けば、たいてい私の書いたものがたくさん並んでいるはずである。その中で、とくに一般の人にこそ利用してもらいたいものが、『出口のシステム現代文』シリーズ（水王舎）である。これは論理力を鍛えるための武器となる。さらに、『早わかり入試頻出評論用語』（語学春秋社）は評論用語を身につけ、論理力や英語力を鍛えるのに有効。『出口小論文講義の実況中継―大学入試②』(語学春秋社)は、どうしても必要な15のストックについて解説し、それを習得するための本である。

とにかく、自分でストックしたい評論を左ページに要約する。そして、右ページはとりあえずはあけておくのだ。

「要約文」をつくる

まず、ノートの左ページに、ストックする文章を要約する。要約文の長さに、それほどこだわる必要はない。文章によっては、何百字のものもあるだろうし、逆に、50字程度でおさまるものもあるだろう。

大切なことは、その要約文を読んだら、その文章がありありと頭に浮かんでくるようにすることである。

要約するときの「注意点」

①筆者の言葉をなるべく利用する。とくに、中心になるキーワードは見逃さない。

②まず、対象となる文章の論理構造をつかむ。次に、自分の頭の中で、筋道を立て直してみる。この筋道を立て直す（論理の順番で組み立て直す）作業が、もっとも大切である。プロの文章は、レトリックの文章である。いかに読者の関心を惹きつけられるか。そのために、読者の興味を引きそうな例を挙げたり、意表をついたり、わざと反対のことを述べてひっくり返したり、比喩を駆使したりする。

要約とは、その骨組みだけをつかみ、それを論理の順番に組み立て直すことである。

③最後に、論理の順番で整理できたら、それを文中のキーワードを中心に、自分の言葉でまとめてみる。

要約の「効力」

①論文の用語、論文の文体を習得する。とくに小論文などは、論文の文体で書く必要があり、その場合はこういった練習が不可欠である。

②論理力を鍛えることができる。とくに、論理の順番で組み立て直すということが、非常に重要になってくる。

たとえば、日本史の論述問題で、何かを説明する問題が出題されたとする。年号、人名、事件名、原因などを押さえるのは、日本史の勉強の基本である。だが、それを文章で説明することを求められた際には、それを論理の順番に組み立て直して答えなければならない。これが論理力である。

もちろん、小論文とは、自分の意見を書くのではなく、自分の意見を論証するものである。その際に必要なのも、この論理力なのだ。

いや、受験にとどまらない。企画書を書くときも、何かを提案するときも、論理力を必要とする。

ストックノートに要約することによって、論理力を飛躍的に高めることができるのだ。

もっとも効率的な「評論用語」の習得法

言語＝思考である以上、抽象語の理解はそのまま抽象的思考につながるから大切である。さらに、英語の読解力とも関連するし、重要な評論用語の大半が現代を象徴するキーワードである。

そこで、ストックにまとめる際、重要な評論用語や抽象語はストックノートの欄外にメモしておく。

こういった用語は単独で覚えるよりも、文章の中身と一緒に習得することがもっとも効率的である。

このストックノートを常に鞄に入れて持ち歩く。

そして、電車の中や、高校生ならば、休み時間や退屈な授業中にパラパラとめくってみることである。そして、左ページの要約文を読みながら、絶えずその文章を思い起こすことだ。その際、次のことを想起してほしい。

①筆者の立てた筋道が、自分の中で再現できるかどうか（このことで論理力を養成する）。

②この文章が果たして現代の何を、どんな切り口やレトリックで語ったものかを思い出す（現代を認識する力の養成）。

最後に、自分の言葉で説明できるようになるまで、繰り返し読み直し、思い出してみることだ。自分の言葉で説明できるものは、消化されたものであり、そうなって初めて自分のものとして活用が可能になる（論文の文体、用語の習得）。

あなたが習得したいストックが1冊の中にすべて入っている。しかも、それはいつでも手軽に持ち運べて、すぐに思い出すことができるのだ。そういった作業をしているうちに、次々といろいろなことが頭に浮かんでくる。

頭が活性化したわけだ。

文章を理解することは、それについて考えることでもある。

あなたは文章を思い出すたびに、現代について思考を深めることになる。そして、それを論理的に説明できるようになっていくはずだ。

「タイトル」をつける

自分のストックには、タイトルをつけておく。2字か3字くらいがいい。文化、言語、文明、教育、科学、環境、思想、哲学、文学など、なんでもいい。自分がなんのストックにしたいかである。

このタイトルは、あとで整理する際に、大いに威力を発揮する。

さらに「思考」を深める右ページの活用

あなたがあるストックを読み返したとき、ふと他のストックを思い起こすこともあるだろう。その瞬間を逃さないことである。

たとえば、日本の文化について語った文章を読んで、近代化について書かれた文章を思い出す。すべてのストックは1冊のノートに蓄えられているのだから、その場でページをめくって、そのストックを見ることができる。

そして、右ページに素早くメモする。この近代化のストックは、たとえば10番目のストック「文化論」と密接なつながりがある、と。

どのストックも現代を語ったものである限り、それぞれが現代、日本、人間という根本的なところで、縦横無尽に絡み合っている。それが実感できたとき、ストックノートは次の段階に進んでいるのだ。

このプロセスがあなたの思考を活性化し、さらにさまざまな角度から現代への認識を深めることになる。

いつも、このノートを手元に置いておくことが大切である。

テレビを見ていたら、普段おとなしい少年があるとき「キレて」、人を刺してしまった、といった事件をワイドショーが盛んに取り上げていた。

あなたはすぐにストックを思い出して考える。

「キレる」のは、自分という物差ししか持たないからであって、他者という視点がないからだ。

一つの物事をさまざまな角度からとらえることができるなら、「キレる」ということはあり得ない。

彼らは感情に走り、それをコントロールできない。

なぜか？

そこには日本人特有の問題がある。

論理性が欠如した、日本の文化の問題。

それだけではない。現代の問題がそこに絡んでいるはずだ。デジタル化によって、想像力を奪われていく。コンピュータゲーム。映像化。若者たちの言語。

このように、メモでいいから、ストックノートを広げて右ページにメモしておく。

あるいは、英文を読んでいたり、受験生なら英語の問題を解いているとき、この英文はストックノートの何番と関係があると思えば、その英文をコピーして、右ページに貼っておく。

朝日新聞の「天声人語」を読んで、これもストックに関係すると思えば、切り取って右ページに貼る。

現代史の授業で、ストックが頭に浮かべば、これもすぐその場でメモする。

そうやって、自分だけのストックノートを完成していく。

その際、留意することが２つある。
①左ページと右ページとの境を厳格にすることである。左ページはあくまで人の論文をまとめたもので、その人の用語、文体をなるべく生かすこと。それに対して、右ページは自分の意見で、それは自分の言葉、文体でメモする。

②右ページは、あまり丁寧な文章で書かないこと。これはあくまでメモである。自分さえわかればいいのだ。それを丁寧な字で、完全な文章で説明しようとすれば、時間がかかり、結局、長続きしない。

「俯瞰的な視点」「有機的な思考」

俯瞰的とは、高い地点から全体を見渡すこと。要は、鳥の目を持つことである。

このことが現代において、もっとも重要ではないか。

大学は専門分野において、深く正確な知識を与えてくれる。知の全体領域を俯瞰的に見渡したものであれば、その研究は意味を持つ。

だが、いまの学者の大半が自分の専門的な研究がこの現代においてどのような意味を持ち、過去から現代に至る時間の流れの中で、どのように位置づけられるのか、明確に認識できていないのではないか。

そして、これらのことは大学では教えてくれないのである。

一人ひとりが、ストックノートによって、俯瞰的な視点を身につけなければならない。

現代の諸問題は、少なくとも一つのストックでとらえることはできない。言語、文化、文明、科学など、さまざまな要素が複雑に絡み合って、一つの現象が生じている。そういったとらえ方が、有機的な思考である。

ストックノートは、こういった思考訓練になるのだ。

ストックノート・セカンドステージ

さて、どうやらストックノートも満杯状態で、白紙のところが少なくなった。走り書きの字の汚さも、気になってきた。

右ページも書き込みが増え、思考が活性化しだした。

ならば、脱皮の時期である。

新しいストックノートをつくろう。

これも楽しい作業である。

その際、あなたがつけたタイトルを利用する。たとえば、文化と名づけたストックを全部読み返してみよう。

いくつあるか。

左ページには、それぞれ文化について述べた、あなたがそらで説明できるまでに理解した要約文がある。

右ページには、あなたがそれについて考えてきたメモがある。

それらを読み返し、あなただけの文化論を、新しいノートの左ページに要約する。

この要約は現代を見事に切ったさまざまな文章をふまえ、それに自分の考えを加味してまとめられたものだ。それを自分の言葉で説明できる限り、立派な自分の考えなのである。

この段階で、あなたは一段高い段階へと昇華する。

右ページは、再びあけておく。

そして、古いノートの中で、あなたが本当に残したいものだけを、新しいノートの左ページにまとめ直す。

そのノートを絶えず持ち歩く。そして、新たに発見したこと、思いついたことを、右ページにメモするのである。

こうした、あなただけのノートは、生きている間に何度も脱皮を繰り返す。

古いノートは捨てないでほしい。あなたの思考が深まった記録なのだから。

［メモ］

芸術の普遍性　芸術が人の心の奥底にあること的世界を表現したものならば、芸術は国境や時代を超えるものではないか。

芸術のジャンル　もの的な表現素材によって、音楽、絵画、彫刻、舞踏などのジャンルに分かれるのか。

言語芸術　詩や俳句は言語を絞り込み、切り込むことによって、より深いこと的世界を表現する。余情、余韻とは何か？（ふと、思いついた言葉、そのうち考えてみる）

宗教　神や仏も、こと的世界なら、人間がそれを表現するには、もの的なものが必要。教会、神社、仏像、十字架などが、それか。

ならば、すべての宗教は同根ではないか。

それぞれのもの的な姿が、それぞれの神や仏になる。

（観音様でもさまざまなものがある）

一神教＝多神教か？

（右ページはこのようなメモで十分である。さらに、このストックに関連した文章を読んだとき、すぐに切り取って、この右ページに貼っておく）

ストックノートのサンプル

タイトル　哲学

出典　木村　敏　青山学院大学

要約

ものは意識で捉えられるもの、ことは意識で捉えられないもので、ものとことは共生関係である。

私たちはことを意識で捉えようとするとき、ことはもの的な粉飾を施す。ものを通して、ことを捉えるとき、すでにそこには共生関係がある。

言語芸術も、共生関係を利用する。

芭蕉が「古池や蛙飛び込む水の音」と表現したとき、その蛙は芭蕉の胸中深くに生じたこと的な世界であり、それを「蛙」「水の音」といったもので表現したのだ。

共生関係は何も言語芸術に限ったものではない。あらゆる芸術表現は、もの的な素材を通して、こと的な世界を表現するのだ。

さらに、この共生関係は芸術にとどまらず、人間の表現行為すべてに関わっている。

例えば、表情も、人の心の中のこと的なものが顔というものに現れたのであり、私たちは表情というもの的なものから、相手のこと的な世界を読み取るのである。

評論用語

現象——表面に現れたもの

例　近頃の若者の現象は、茶髪にピアスである、など。

おわりに

本書によって、新しい勉強の仕方、新しい人生の第一歩を踏み出してほしい。そのことで、いままでの人生の延長線上の生き方と比べて、確実に何かが異なってくるはずである。その差はわずかかもしれないが、それを何年も何十年も続けていくと、その差は決定的になることになる。なぜなら、私たちは生涯にわたって勉強をし続けていくのだから。

本書で本物の学力がつくわけではない。しかし、本書によって本物の学力がつくきっかけにはなるはずである。1冊の本とは本来そういうものなのである。

もし、この先も本格的に論理力を鍛えようとするなら、ぜひ「論理エンジン」のDVD講義に挑戦してみてほしい。そのことで揺るぎない論理力、記憶力、思考力、文章力が獲得できるはずである。

〈著者略歴〉

出口 汪（でぐち・ひろし）

教育プロデューサー・作家・出版社（株）水王舎代表・東進衛星予備校講師・元祖カリスマ講師。

大予言者・出口王仁三郎を曽祖父に持つ。


東京都杉並区に生まれる。

以後、東京都内、愛知と転々と引っ越す。

父、和明の執筆活動のため京都・亀岡に転居。学校では毎日遅刻と居眠りを繰り返すなど、クラスから奇人扱いされる。

亀岡高校入学。大学受験目前に医学部を志望。

3年の浪人生活を送り、関西学院大学文学部に入学。

ヒューマンキャンパス（現ヒューマンアカデミー）で講師を始める。

関西学院大学文学研究科博士課程修了。

代々木ゼミナールに転職。すべての大教室を満杯にするなど、一躍、伝説的な人気講師となる。

旺文社のラジオ講座で爆発的な人気を得、『出口現代文入門講義の実況中継』（語学春秋社）が大ベストセラーとなる。

総合予備校S.P.Sを設立。無試験で入れた受験生のほとんどを東大京大や早慶上智に合格させる。

東進ハイスクールに転職。教材開発・出版を目的とした水王舎を設立し、同社にて『出口のシステム現代文』シリーズなど、ベストセラーを刊行。

長年構想してきた、論理力を養成する言語プログラム「論理エンジン」を完成。高等学校を中心に、教育改革に取り組む。小学生から社会人まで、論理力養成のための『カリスマ受験講師 出口汪の日本語トレーニング』（小学館）が反響を呼ぶ。


教育改革のため開発した「論理エンジン」は、現在、私立だけでも200以上の高校が正式採用。

偏差値が30以上上がったり、学校が変革されたりと、読売新聞「教育ルネサンス」、朝日新聞出版「アエラ」、講談社「週刊現代」などで、大きく報道され、話題となる。

予備校講師のイメージが強いが、実際には様々な方面で活動。

ボランティアとして、パピーウォーカー（盲導犬育成）を長年続け、作家としても講談社から小説『水月』を刊行し、多くの一般書も手掛ける。


主な著書に、『出口の小学国語レベル別問題集』『出口の国語レベル別問題集』『出口の現代文レベル別問題集』（東進ブックス）、『New出口現代文講義の実況中継』（語学春秋社）、『システム中学国語』（水王舎）など、数十点に及ぶベストセラー参考書を執筆。

また、小説『水月』（講談社）やビジネス書『「論理力」短期集中講座』『論トレ』（共にフォレスト出版）、『教科書では教えてくれない日本の名作』（ソフトバンク新書）、『再発見夏目漱石』（祥伝社新書）、『[出口式]脳活ノート』（廣済堂出版）、『大人の「論理力」が身につく！出口の出なおし現代文』（青春出版社）、『カリスマ出口汪の人生を変える！最強の「話し方」塾』（草思社）、『出口 汪の論理的に考える技術』『出口 汪の論理的に話す技術』（共にソフトバンク文庫）など多岐にわたる執筆で、著書の累計部数は600万部を超える。

＜公式ブログ＞
「一日生きることは、一日進歩することでありたい。」
http://ameblo.jp/deguchihiroshi/

＜オフィシャルサイト＞
http://www.deguchi-hiroshi.com/

＜ツイッター＞
@deguchihiroshi

カバーデザイン／panix（keiichi saito）
本文デザイン／平塚兼右（PiDEZA Inc.）
DTP／山口良二

本書は、2000年12月に刊行された『カリスマ受験講師の「考える力」をつける本』（三笠書房）を改題・加筆および再編集したものです。

「考える力」を身につける本

2012年11月21日　初版発行
2013年5月23日　6刷発行
著　者　出口　汪
発行者　太田　宏
発行所　フォレスト出版株式会社
〒162-0824 東京都新宿区揚場町2－18　白宝ビル5F
電話　03-5229-5750（営業）
　　　03-5229-5757（編集）
URL　http://www.forestpub.co.jp

印刷・製本　中央精版印刷株式会社

ISBN978-4-89451-873-5　Printed in Japan

フォレスト2545新書

- 001 「損する生き方」のススメ　ひろさちや　石井裕之
- 002 脳と心の洗い方　苫米地英人
- 003 大好きなことをしてお金持ちになる　本田　健
- 004 あなたの会社が90日で儲かる！　神田昌典
- 005 ２０２０年の教科書　菅下清廣
- 006 会社にお金が残らない本当の理由　岡本吏郎
- 007 なぜ、あの人は焼き肉やビールを飲み食いしても太らないのか？　饗庭秀直
- 008 富を手にする「ただひとつ」の法則　ウォレス・D・ワトルズ著　宇治田郁江訳
- 009 借金社長のための会計講座　小堺桂悦郎
- 010 リーダーが忘れてはならない3つの人間心理　小阪裕司
- 011 行動科学で人生を変える　石田　淳
- 012 私に売れないモノはない！　ジョー・ジラード　スタンリー・H・ブラウン　著　石原薫　訳
- 013 コミュニケーション力を高める文章の技術　芦永奈雄
- 014 38歳までにするべき3つのこと　箱田忠昭
- 015 なぜ、脳は神を創ったのか？　苫米地英人
- 016 「お金」と「自由」を手に入れる！経済自由人という生き方　本田　健
- 017 怒らない技術　嶋津良智
- 018 テロリスト化するクレーマーたち　毛利元貞
- 019 あなたにも来る怖い相続　松田茂樹

020	一生クビにならない脳	篠原菊紀
021	「論理力」短期集中講座	出口　汪
022	日本人の小学生に100%英語をマスターさせる法	鵜沢戸久子
023	MBAで学ぶ負けない戦略思考「ゲーム理論」入門	若菜力人
024	ローマ字で読むな！	船津　洋
025	短く伝える技術	山田進一
026	バイリンガルは二重人格	苫米地英人
027	トラウマを消す技術	マイケル・ボルダック著 堀江信宏訳
028	世界に通用する子供の育て方	中嶋嶺雄
029	日本人のためのフェイスブック入門	松宮義仁
030	なぜか、人とお金がついてくる50の習慣	たかの友梨
031	お金が貯まる！家の買い方	浦田　健
032	新「伸びる人」の条件	安達元一
033	体内時計を調節する技術	平澤栄次
034	ゾーンに入る技術	辻　秀一
035	コーチが教える！「すぐやる」技術	井上裕之
036	一人でも部下がいる人のためのパワハラ入門	千葉　博
037	「オトナ脳」は学習できない！	苫米地英人
038	日本人のためのスマートフォン入門	松宮義仁
039	日本人だけが知らない！世界標準のコミュニケーション術	近藤藤太

040	強力なモチベーションを作る15の習慣	松本幸夫
041	新版「続ける」技術	石田　淳
042	終わらす技術	野呂エイシロウ
043	夢をかなえる方程式	苫米地英人
044	AKB48総選挙に学ぶ心をつかむ技術	三浦博史
045	新版 なぜ、社長のベンツは4ドアなのか?	小堺桂悦郎
046	3.11後、日本人はどう生きるべきか?	菅下清廣
047	NATOと言われる日本人	浅野　哲
048	ソブリンリスクの正体	浜　矩子
049	衝動買いさせる技術	松本朋子
050	なぜ、あの人の「主張」だけ通るのか?	太田龍樹
051	「遊ぶ人」ほど成功するホントの理由	佐藤富雄
052	一流をつくる「直感力」トレーニング	児玉光雄
053	数字はウソをつく	平林亮子
054	なぜ、留学生の99%は英語ができないのか?	藤永丈司
055	「できる人」を1分で見抜く77の法則	谷所健一郎
056	リーダーの「新常識」	石田　淳
057	悩まずに! 今すぐ顧客が集まるマーケティング	町田和隆
058	5感を揺さぶり相手を口説くプレゼンテーション	小林弘茂
059	中国美女の正体	宮脇淳子 福島香織

060 怒らない技術2　嶋津良智
061 年収200万円からの「結婚してお金持ちになる」方法　谷所健一郎
062 メダリストの言葉はなぜ心に響くのか？　青島健太
063 一瞬であなたの人生を変えるシンプルな習慣　佐藤富雄
064 思い通りに人をあやつる101の心理テクニック　神岡真司
065 ビジネスマンのためのコンビニ栄養学　北嶋佳奈
066 天才なのに消える人 凡才だけど生き残る人　小宮山悟
067 情報量が10倍になるNLP速読法　松島直也
068 まとめる技術　中竹竜二
069 ライバルに差をつける半径5m活用思考　森　吉弘
070 フェイスブックで「気疲れ」しない人づきあいの技術　五百田達成
071 「ゆううつな月曜日」をシンプルにやり過ごす28のテクニック　中島孝志
072 バカを治す　適菜　収
073 「考える力」を身につける本　出口　汪